ストーリーに学ぶ
所有者不明土地の
論点

山野目章夫
Akio Yamanome

商事法務

はしがき

　大きな規模の災害などに代表される難局に向かい合う際、不動産登記制度に期待されるいくつかの役割がある。また、そこで不動産登記制度が直面する問題も種々みられる。

　本書は、そのような性格をもつ課題を広く取り上げ、どのように不動産登記制度が現実を処し、社会の期待に応えるか、を考察しようとするものである。

　土地の所有者またはその所在がわからない、という問題が、わけても東日本大震災を契機に認識され、目下、時局において注目されてもいるところから、本書は、それを書名に掲げている。しかし、それは、いわば数ある諸問題の象徴であるにとどまり、本書が取り上げる問題は、所有者所在不明土地問題にとどまるものではない。

　所有者所在不明土地問題をはじめ、社会や経済において不動産登記制度に関わって存在する難問に立ち向かうために、本書は、一人の実務家を登場させることにする。登場させる人物は、大学の研究者や、官僚、さらに政治家などであるよりも、実務家がよい。東日本大震災の被災地をはじめ、本書に登場するものでいうならば、熊本地震、時間を遡って1995年の神戸の震災などの被災地に赴く際、具体の難問に向かい合って心がけなければならないことの一つとして、何か法律を作って対策を講ずる必要がある、という趣旨のことを軽々しく述べてはならない。法律を作るのには、まずその必要性を国の所管の府省または両議院の議員と共有しなければならない。それ自体に時間を要するうえに、それに成功するとは限らない。たとえ成功したとしても、法文を起案し、法制審査を経て、議院に提出し、委員会の審査、会議における議決を両議院で経なければならない。時間がかかる。そうこうしているうちにも、変則の登記に悩まされて用地を取得することができず仮設住宅から動くことができない人々には、そのままの状態で

i

次の冬が、そう、あの東北の苛酷な冬が訪れる。そうさせないためには、今ある法令を前提として、また、今ある登記先例に従って、解決を考えなければならない。

　愚痴を漏らすことなく淡々とそれを進める者が、実務家である。

　たしかに、法令の改廃が望まれる事項はあり、それは官僚や政治家に委ねればよい。また、たしかに、登記先例のなかには批判されるべきものもある。それも、法務省を批判する仕事は学者にさせればよい。

　本書の主人公は、滅多なことでは新法が欲しいとか、先例がおかしい、などと口にしない。ただ実務の扱いに従い、眼の前の一件の、そして次の一件の、それぞれの変則の登記を消し、所要の登記を実現してゆく。

　その実務家が、弁護士にしては珍しく登記事務に熱意をもって取り組むことになった経緯は、本書の内容が初め連載された雑誌『NBL』の誌上においては、ついぞ明かされなかった。本書の第31話と第32話が、お待たせをした読者への贈り物である。

　NBL連載に際しては、㈱商事法務で同誌の編集に携わっている奥田博章氏に御世話になり、懇切な原稿の点検をいただいた。それを書物にすることができたのは、同社の書籍編集を担う岩佐智樹氏および吉野祥子氏の尽力による。

　2018年4月

山野目章夫

目　次

第1話　存在しない会社 ……………………………… 2

1 解散した法人の存在についての考え方 ……………… 3

2 解散した法人の所在についての考え方／閉鎖した登記
記録が存在する場合 ………………………………… 4

3 解散した法人の所在についての考え方／閉鎖した登記
記録が存在しない場合 ……………………………… 5

第2話　存在しない組合 ……………………………… 7

1 産業組合って何？ …………………………………… 8

2 産業組合から農業会へ ……………………………… 8

3 終戦の日から3年後 ………………………………… 9

第3話　古すぎる仮処分 …………………………… 12

1 現代であれば ………………………………………… 13

2 ところが ……………………………………………… 13

3 悦子の本棚 …………………………………………… 14

4 日本の民事法制の歩み ……………………………… 15

第4話　望まれる仮処分 …………………………… 17

1 予告登記って何？ …………………………………… 18

2 平成16年の不動産登記法の改正 …………………… 18

3 むしろ望まれるものは ……………………………… 19

4 立法の過誤 …………………………………………… 19

iii

第5話　共有惣代誰という土地 ･･････････ 22

1 入会権とは何か ････････････････････････ 23

2 入会権の構造 ･･････････････････････････ 24

3 入会団体を被告とする訴訟の実体的理解 ････････ 24

4 入会団体を被告とする訴訟手続の工夫 ･･････････ 25

第6話　誰外何名という土地 ････････････････ 27

1 判決による所有権の保存の登記の手続 ･･････････ 28

2 平成10年の登記先例――その前段 ････････････ 28

3 平成10年の登記先例――その後段 ････････････ 29

4 訴訟手続の工夫――擬制自白の回避 ･･･････････ 29

第7話　銃後の後始末 ･･････････････････････ 32

1 戦後史を区分する ････････････････････････ 33

2 銃後を支える町内会 ･･････････････････････ 34

3 昭和22年政令第15号 ･･･････････････････ 34

4 市区町村への帰属の登記上の公示 ･･･････････ 35

第8話　農地改革いまだ終わらず ･･･････････ 37

1 昭和21年の農地改革 ････････････････････ 38

2 買収の登記 ･･･････････････････････････ 39

3 売渡しの登記がされる場合 ････････････････ 39

4 売渡しの登記がされないままになると ･････････ 39

第9話　益城町に涙する ････････････････････ 42

1 崩れ落ちた建物のさまざま ･･･････････････ 43

2 建物の滅失の登記 ･･････････････････････ 43

3 建物の表題部の変更の登記 ･･･････････････ 44

4 やはり建物の表題部の変更の登記にはちがいない

けれど ……………………………………………………………… 44

5 表題部の抹消の登記 …………………………………………… 45

第10話 息づく地殻 ……………………………………………… 47

1 地殻変動と筆界の基本的な考え方 ………………………… 48

2 地殻の移動が不整形であるという問題 …………………… 48

3 不整形な地殻変動が広範囲に及ぶ場合 …………………… 48

4 不整形な地殻変動が局地的である場合 …………………… 49

第11話 憎むべき暴力 …………………………………………… 52

1 登記名義人の住所の扱いに関する原則 …………………… 53

2 配偶者から暴力を受けた者が登記義務者となる場合 …… 54

3 配偶者から暴力を受けた者が登記名義人となる場合 …… 54

4 登記簿の附属書類の閲覧制限 ……………………………… 55

第12話 正しくない子などいない …………………………… 57

1 嫡出でない子の概念 ………………………………………… 58

2 平成25年の最高裁判所大法廷判決 ………………………… 58

3 平成25年法律第94号とその施行 …………………………… 59

4 平成13年7月1日以後で平成25年9月4日以前に

開始した相続の場合 ………………………………………… 59

5 平成13年6月30日以前に開始した相続の場合 ……………… 60

第13話 忘れられた仮登記 …………………………………… 62

1 なぜ人は ……………………………………………………… 63

2 ブレーキを踏むと→仮登記の抹消 ………………………… 64

3 アクセルをかけると→仮登記に基づく本登記 …………… 64

第14話　買戻しの登記その顛末 67

1 買戻しの登記って聞いたことないけど 68

2 買戻しの登記の抹消 69

3 買戻しの実行とその登記 70

第15話　所有者が不明というけれど 72

1 所有者が不明な土地 73

2 筆界確定訴訟であったならば 73

3 筆界特定の手続の概要 74

4 筆界特定——それは訴訟ではない 74

5 未登記の土地との筆界の特定 74

第16話　所有者が不在の土地？ 77

1 所有権の放棄のさまざま 78

2 土地の所有権は放棄することができるか 78

3 議論を深めてゆくために 79

4 放棄を原因とする所有権の移転の登記 79

5 放棄を原因とする所有権の保存の登記の抹消 80

第17話　数次の法定相続 82

1 概念の準備——相続人・相続分・遺産共有・遺産分割 ... 83

2 遺産分割がされなかった場合 84

3 遺産分割がされた場合 84

第18話　権利の遺言相続 87

1 相続させる旨の遺言 88

2 所有権の実体的な概念から考えると 88

3 登記手続から考えても 89

4 相続させる旨の遺言の限界 ……………………………………………… 90

第19話 **3月11日──逝きし人たち** ……………………… 92

1 夫が先死の場合 ………………………………………………………… 93

2 妻が先死の場合 ………………………………………………………… 94

3 戸籍の事実上の推定力 ………………………………………………… 94

第20話 **3月11日──遺された人々** ………………………… 97

1 権利証は俗称 …………………………………………………………… 98

2 これから登記済証はなくなっていく ………………………………… 98

3 登記識別情報などを提供することができない場合のチョイス … 99

4 避難所で暮らす人々 …………………………………………………… 99

第21話 **職務上請求──健太の父** ……………………………… 102

1 戸籍に記載されている事項に関する証明書の交付の

請求 ……………………………………………………………………… 103

2 街を覆う劫火 …………………………………………………………… 104

3 除籍等の滅失に係る市町村長の証明 ………………………………… 105

第22話 **マンションの悩み──志乃の父** ……………………… 107

1 建物区分所有のミクロの側面──1995年、神戸 ………………… 108

2 建物区分所有のマクロの側面──それから20年後、横浜 …… 109

第23話 **メトロが来る街** …………………………………………… 112

1 地下鉄道の権利関係 …………………………………………………… 113

2 先順位の抵当権と向き合う …………………………………………… 114

第24話 **海を望む遺構** ……………………………………………… 116

1 建物の概念 ……………………………………………………………… 117

vii

2 外気分断性の伝統的意義 ……………………………… 118

3 外気分断性を発展的に理解する契機 ……………… 118

第25話 未登記の団体 …………………………………… 121

1 権利能力のない社団の実体的理解 ……………… 122

2 権利能力のない社団が有する財産の登記や登録 ……… 123

3 権利能力のない社団をめぐる法律関係の変動 ……… 123

第26話 特別地方公共団体 …………………………… 125

1 財産区の概念 …………………………………… 126

2 字持地——登記名義人の表示の変更の登記 ……… 127

3 字持地——表題部所有者の表示の変更の登記 ……… 127

4 財産区を登記名義人とする所有権の登記 ……… 128

第27話 からっぽの相続 …………………………… 130

1 相続人不存在の実体的理解 ……………………… 131

2 相続人不存在の登記上の処置 …………………… 132

第28話 明治民法の相続 …………………………… 134

1 家督相続 ……………………………………… 135

2 トキ——女戸主 ………………………………… 135

3 彦左衛門——入夫婚姻 ………………………… 136

4 慶子——嫡母庶子関係 ………………………… 136

5 京太郎——私生子 ……………………………… 137

6 幸——継親子関係 ……………………………… 137

7 家督相続人となる順位 ………………………… 137

第29話 火を噴く機銃 ……………………………… 139

1 相続による所有権の移転の登記 ……………… 140

viii　目　次

2 公務員が職務上作成する情報とは ……………………………… 140

3 外務省の旧樺太戸籍証明の事務 ………………………………… 141

4 旧樺太戸籍が関連する相続による登記の手続 ………………… 141

第30話 鉄路、北の大地へ ………………………………………………… 144

1 認可地縁団体とは ………………………………………………… 145

2 認可地縁団体を登記名義人とする準備 ………………………… 146

3 認可地縁団体を登記名義人とする登記の手続 ………………… 146

第31話 登記簿を持ち返った男 …………………………………………… 148

1 平成2年 …………………………………………………………… 148

 1 北方地域の概念 ………………………………………………… 150

 2 北方地域の不動産登記の問題を考える際の論点の整理 …… 150

 3 土地の実体的帰属関係の理解 ………………………………… 151

 4 土地の権利関係の公示 ………………………………………… 151

 5 人の問題――相続の実体的関係の理解 ……………………… 153

 6 人の問題――身分関係の戸籍による証明 …………………… 155

2 平成3年 …………………………………………………………… 156

3 直告事件 …………………………………………………………… 157

4 高検の支持ないし指示 …………………………………………… 158

5 街の経済 …………………………………………………………… 159

6 東京発の異変 ……………………………………………………… 160

7 弁護団会議 ………………………………………………………… 161

8 健一郎と共に過ごす時間 ………………………………………… 163

9 その後の顛末 ……………………………………………………… 164

第32話 法務局の講演 ……………………………………………………… 166

第1 記名共有地 ……………………………………………………… 167

 （1） 土地台帳の移管と記名共有地・169／（2） 登記簿の電子化と

ix

記名共有地・170 ／(3)　現在における改製の根拠・171

第2　共有惣代地 ……………………………………………………… 175

第3　政令に基づく市区町村への帰属 ……………………………… 177

(1)　町内会等の法人化・177 ／(2)　許可町内会等の解散・178 ／(3)
解散した許可町内会等の残余財産の処分・179 ／(4)　残余財産と
して処分された許可町内会等の不動産に係る登記上の公示・179 ／
(5)　市区町村へ帰属を公示する登記の手続・180

第4　財産区が所有する土地 ………………………………………… 182

第5　住民が共有する土地 …………………………………………… 183

●事項索引 ………………………………………………………………… 186

第1話

存在しない会社

　都心ではあるが、企業や官庁のオフィス街の喧騒から少し離れた場所にある紫波坂。その坂を下ったところに畑中悦子の事務所はある。弁護士である彼女は、もちろん法廷に立つ仕事もする。一般の民事事件や刑事弁護、個人再生なども手がけるが、じつは彼女には、あと一つの顔がある。あまり気づかれていないことであるが、弁護士は司法書士の業務をすることができる。不動産の登記というと司法書士の仕事であると考えがちであるし、実際にも権利に関する登記の申請代理は、圧倒的に常に司法書士がする。しかし、制度上、弁護士ができないものではない。不動産登記法23条4項1号や民事執行法82条2項が、司法書士とせず、登記の申請の代理を業とすることができる者、という概念を用いるのは、このためである。

　ただし、悦子がする不動産登記の業務は、いささか変わっている。土地や建物には、ときにヘンな登記がされていることがある。たいていは古い昔にされたもので、どうみても実質的な意味を失っているとしかみえない登記であるが、それを消さないことには、その不動産が関わる用地取得や再開発の障害になる。登記を消すためには、必要な手続を積み重ねなければならず、それは、さながら爆発物処理の専門家が順序に従って多数のコードを切るなどして爆発物を無力化する作業に似る。厄介な登記も悦子に頼むと消してくれるという評判は静かに広がり、さまざまな人たちが全国から依頼に訪れる。いつしか人々は彼女に「SWAT 畑中悦子」というニックネームを与えた。SWAT は、爆発物処理や人質奪還のような特殊任務に携わる警察官などを意味する。

夏の暑い日、SWATの業務を期待して悦子を訪ねたのは、ある会社の不動産事業部門の責任者である。

＊　　　＊　　　＊

　「ご子息の御紹介でお訪ねしました。当社が、ある地方都市で、一帯の用地を取得して事業をしようとしている場所に二つほど困った土地があります。仮に甲土地と乙土地ということにいたしましょう。甲土地から御話をしますと、大正期にされた抵当権の登記がされています。約100年も経っていますから、仮に被担保債権が弁済されていないとしても、時効で債権が消滅しているはずであり、抵当権が消せなくてはおかしい、と私どもは考えています。しかし、その抵当権の登記名義人は、会社ですけど、登記上の住所を訪ねても、そこにそのような会社はありません。それで、困っています。」

　「息子が御世話になっています。それは、お困りでしょう。会社の登記は、どうなっていますか。」

　「法務局に請求しましたが、驚くべきことに、その会社の登記はないということのようです。」

　「そういうことでしたら、不動産登記法70条の『登記義務者の所在が知れない』場合に当たる可能性が大きいですから、この規定を用いて抹消をすることができそうですね。」

　「よくわからないのですが、個人でなく法人について『登記義務者の所在が知れない』ということがありうるのでしょうか。だいたい法人登記がない、ということは、所在が知れないというよりも、既に存在していない法人ということではないのですか。」

　「いえ、そうでもありません。ご説明しましょう」と述べ、悦子が説明したのは、次のような話である。

＊　　　＊　　　＊

１　解散した法人の存在についての考え方

　解散した会社などの法人が、まず、所在が知れないかどうか、ということ以前に、そもそも解散しているのであるから、消滅していて存

第1話　存在しない会社　　3

在していないのではないか、という根本的な疑問がある。まず、これを解決しなければならない。解散した法人は、清算人を置き、そのもとで清算の事務をする。この状態で法人が存続し、その法人は**清算法人**として理解される（法人の種類や時代により根拠法令は異なるが、おおむね規定内容が同じであるから、便宜、現行法の株式会社で示すと、会社法475条から483条まで）。清算の事務が終了すれば、清算法人としても存在を了することになり、法人が完全に消滅する。清算の事務が終了したと認められる場合には、この事実を公示するため、通常、清算結了の登記がされる（同法929条）。この登記がされると、その法人の登記記録（登記簿）は閉鎖され、閉鎖した登記記録（**閉鎖登記簿**）として登記所に保存される。

　したがって、清算結了の登記がされているならば、清算の事務が終了していることが推認される。それは、推認であるにとどまる。法律関係は、登記により定まるのではなく、実体により定まる。もし残されている清算の事務があるならば、実体上、清算は結了していない。清算人を欠く状態となっている場合は、清算人を選任しなければならない（会社法478条2項）。

　問われている本件の場合は、どうか。残されている清算の事務がある。りっぱに残っている。りっぱ、ということがヘンかもしれないとすると、残っている清算の事務があることが、はっきりしている。つまり、甲土地の抵当権の登記名義人になっており、その処理をしなければならない、という事務がある（同法481条参照）。この処理をしなければならない、という清算法人の制限された権利能力の限度において、その法人は、いまなお存在する（同法476条）。

❷　解散した法人の所在についての考え方／閉鎖した登記記録が存在する場合

　存在するからには、その所在が問題とされてよい。閉鎖した登記記録が登記所に保存されている場合は、その法人の名称が登記上確認さ

4　　第1話　存在しない会社

れ、かつての住所も記されているから、所在が不明であるとはならない。その場合は、その住所を管轄する裁判所に清算人の選任を請求し、選任された清算人との間で事務を進めることになる。登記されている抵当権が意義を失っていると清算人が考える場合は、清算人と不動産の所有者との共同申請により、抵当権の登記の抹消を申請する。そうでなく清算人が争う場合は、それを相手として訴訟を提起し、抵当権が担保する債権の時効消滅などにより抵当権が消滅しているとして、その登記の抹消手続を訴求する。この主張を認める判決が確定するならば、その判決を提出して、所有権の登記名義人が単独で抹消の申請をすることができる（不動産登記法63条1項）。

3 解散した法人の所在についての考え方／閉鎖した登記記録が存在しない場合

閉鎖した登記記録が廃棄されて残っていない場合は、このような手順によることができない。どこに住所があるかがわからず（抵当権の登記には住所が記録されているけれども、解散時の住所を公的に確認するためには法人登記が残っていなければならない）、まさに所在不明である。つまり、法人の所在不明とは、法人が解散し、かつ閉鎖した登記記録が廃棄されている場合などをいう（民事局長通達昭和63年7月1日民三3456号・先例集追Ⅲ632頁〔山野目章夫編『不動産登記重要先例集』（有斐閣、2013）69番〕）。この場合は、不動産登記法70条3項のいわゆる**休眠抵当権**の手続を用いることができる。被担保債権の弁済をしたことを証する情報を提供することができる場合は、その旨の情報を提供して、抹消の申請をする。債務消滅の証明ができない場合は、登記された弁済期から20年が経過しているときに、被担保債権の元本と附帯金の全額を供託して、抹消を申請する（だから、この場合は、お金がかかる。が、それは、仕方がない）。

＊　　＊　　＊

「なるほど、よくわかりました。ということは、私どもが抱えてい

る別の土地、乙土地のほうは、なんだか信用組合のような法人が抵当権の登記名義人になっていますが、これも同じ手で消せるということですね。」

「さて、すこし心配ですね。それ、信用組合ではないのではありませんか。私の想像では、すこし面倒かもしれません。登記簿を見せていただけますか」と話は、まだまだ続く。

〔**参考**〕質疑応答・登記研究334号（1975年）73頁以下。

第2話

存在しない組合

　SWAT 畑中悦子を訪ねた事業者の不動産開発部門の担当者は、前号で解決の糸口がみえた甲土地に続いて乙土地を話題としたが、その登記簿を見た悦子から、乙土地について抵当権の登記をしている法人の登記を調べてみないと相談にならない、と告げられ、出直すことにした。大正期にされたその抵当権は、「やまと信用購買利用組合」という法人が登記名義人である。担当者は、てっきり信用組合法に基づく信用組合であると合点していたが、悦子の説明では、どうもそうではないらしい。いずれにしても、被担保債権は弁済されているか時効消滅しているはずであり、乙土地を事業のために取得したいと考えている事業者としては、土地を取得する前提として、この抵当権の登記を抹消しておきたいところである。

＊　　　＊　　　＊

　「先生、あの信用組合みたいな名称の法人ですが、調べてみましたら、組合原簿とよぶらしい、登記簿みたいなやつで閉鎖されたものがありました。しかも、なんだか産業組合法という廃止された法律が設立の根拠らしいです。」

　「やはり、そうでしたか。」

　「もはや実質的に活動していない法人ですから、これも不動産登記法 70 条の**休眠抵当権**の規定で消せるということになりますね。」

　「**閉鎖登記簿**が見つかったからには、同条の『登記義務者の所在が知れない』という要件を充たさず、その手続は役に立ちません。」

　「そんな。では、どうすればいいのでしょう。」

第2話　存在しない組合　　7

「そう急いてはいけません。ちょうど爆発物処理の専門家が順序に従って多数のコードを切るなどして爆発物を無力化する作業のように、一つひとつ進めることにしましょう」と述べ、悦子が説明したのは、次のような話である。

*　　　*　　　*

１　産業組合って何？

　明治時代、農業協同組合や消費生活協同組合はなかった。地域で産業組合という法人を設立することは可能であったし、これは、産業組合法（明治33年法律第34号）に基づいて設立された。産業組合がした融資を担保するために抵当権の設定を受け、その旨の登記がされることがみられたが、その登記が今日まで残っていることが散見される。ほとんどの場合において、融資の債権は時効消滅しているとみられる。抵当権が設定された土地の所有者が抵当権の登記の抹消手続を請求する訴訟を提起するならば、そこでする主張立証に大きな困難はない。請求原因は、原告が土地を所有していること、および被告が抵当権の登記をしていることで十分である。被告が抗弁をし、融資をして抵当権の設定を受けた事実を主張するならば（登記保持権原の抗弁）、それに対する再抗弁として、弁済期から10年が経過していることを主張すればよい（商法旧規定522条の適用がなく、民法旧規定167条1項による）。と、話はトントンと進みそうであるが、こう滑らかに進むのは、いずれにしても被告がいる場合に限られる。産業組合は、もう存在しない。いわゆる欠席判決（民事訴訟法159条3項参照）は、被告として訴状の送達を受けるべき者がおり、その者に送達しても出頭しない場合に初めて考えることができる。誰に送達すればよいか。それを考えるためには、いささか産業組合の歴史を学ばなければならない。

２　産業組合から農業会へ

　産業組合法に基づいて設立された産業組合であるが、昭和に入り、農業団体法（昭和18年法律第46号）という法律の88条に基づき、原

則として、行政官庁から解散を命じられることをもって解散すること
になる。この際、産業組合が有していた融資債権は、どこへ行くか。
それがわかれば、抵当権も被担保債権に随伴し、その行先へ帰属する。
同法91条を参照すると、産業組合があった地域の市町村農業会が権
利義務を包括承継するとされるから、そこに帰属することになる。農
業会なんて、うちの街では聞いたことがないけど、とか述べる向きが
あるが、あたりまえである。あなたの街に限らず、どこにもない、今
は。農業協同組合法の制定に伴う農業団体の整理等に関する法律に基
づき、1948（昭和23）年8月15日、すべての農業会は、法定解散に
より解散した。問題は、この解散の際、農業会が産業組合から承継し
た融資の債権がどこへ行ったか、である。じつは、そこが少し面倒く
さい。各地域で実態として農業会の活動を承継したものは、多くの場
合において実質的に農業協同組合であった。

❸ 終戦の日から3年後

　農業協同組合は、「農業者の協同組織」であり（農業協同組合法1
条）、新しい組織であるという意味において、戦後改革を象徴する一
つのものである。その登場と入れ替わりに、農業会は役割を終えた。
しかし、ここで厄介であることは、産業組合の解散の場合とは異なり、
解散に伴い農業会の権利義務が農業協同組合に包括的に承継されると
いう法的構成は、採用されていない。農業協同組合が戦後改革で生ま
れたものであることは、この点でも明瞭にされている。そこで、産業
組合から承継した権利は、今でも農業会に帰属していることになり、
言い換えるならば、その清算目的の限度で農業会は、存在しつづけて
いる。その**清算人**の全員が死亡している場合には、裁判所に清算人の
選任請求をする。その選任された清算人との間で抵当権の登記を抹消
する話を進める際、上記のとおり訴訟になることも考えられないでは
ないが、時効で被担保債権が消滅していることが明らかであるから、
話し合いで共同申請となることだって、あるにちがいない。清算人選

第2話　存在しない組合　　9

任請求の根拠は、農業協同組合法の制定に伴う農業団体の整理等に関する法律1条2項により、廃止されてもなお効力を有すると解される農業団体法施行令54条2項である。

＊　　　＊　　　＊

「なるほど、よくわかりました。実務に携わる者としては、いくつか愚痴というか不満を述べてもよいでしょうか。まず、『やまと信用購買利用組合』が本当は産業組合であるなら、名称に産業組合と謳うべきではありませんか。会社は会社という名称でなければならないとか、今日の法制はそうなっていますよね。」

「当時の法律では、産業組合でない者が産業組合と称してはならないとは定められていましたが、産業組合がそう名のらなければならないことにはなっていません。」

「それに、だいたいが解散した法人の清算人選任請求をすることができる根拠も、よく法律を調べなければわからないではありませんか。会社ではないから会社法ではないだろう、一般の法人だから、と考えて民法を見ると、38条から84条までが歯抜けになっていますよね。それで結局、廃止されてもなお効力を有する、とかいう面倒なヤツが正解だなんて、なんか実務にフレンドリーじゃないと感じます。」

「お気持ちは、理解します。そんな不平は、一度、法律を作るお役人や、学者の人たちにでも、ぶつけてみたいわね。あなたが実務家であれば私も実務家。実務家は、あらゆる知識と経験を用いて眼の前にある登記を処していく。それ以上でも以下でもありません。そこに、実務家の誇りというものも、あるのかもしれません。」

「失礼しました。ご子息の御紹介で先生に知恵をいただいたのに、つい愚痴を口にしました。ええ、たしかに面倒な登記でも黙々と消してみせる、それでこそ実務ということでしょうね。」

〔**参考**〕明田作「産業協同組合等が抵当権者の場合の抵当権の抹消手続について」JA金融法務472号（2010年）。岡崎哲二「読み解き経済／途上国発

展の方策—戦前日本の少額金融にヒント」（朝日新聞 2016 年 7 月 27 日）や、岡村健太郎『「三陸津波」と集落再編――ポスト近代復興に向けて』（鹿島出版会、2017 年）103 頁・150 頁・180 頁・203-4 頁・247-8 頁が、産業組合が担った役割の意義を考察する。いわゆる休眠抵当権の登記の抹消について、渡辺弘一『登記実務ノート（1）』（2009 年）、秋山久家「休眠担保権の抹消についての考察」登記情報 55 巻 1 号（通巻 638 号、2015 年）。

第3話

古すぎる仮処分

　この物語の主人公である畑中悦子の息子の健太が勤める会社から古い抵当権の相談を受けてから4ヵ月が経つ初冬、ある西日本の県で用地取得を担当する3人のお役人が悦子の事務所を訪ねた。

　「お忙しいところ、お時間をいただき、恐れ入ります。私どもの県の船坂町と馬廻村とは一応、国道964号でつながれていますが、幅が狭いのに交通量が多くなってきて不便ですし、危険もあります。いわゆる三桁国道です。そこで、別に県道を整備して実質的にバイパスにしようと考えました。その予定の場所を調べたところ、甲・乙の二つの土地にいずれも、登記簿が汚れている、とでも言うのでしょうか、まず甲土地は、すごく古い時期になりますが、戦前の仮処分が登記されていて、そのまま取得することに難があります。」

　「太平洋戦争前にされた仮処分ということですね。具体的に御話をください。」

　「登記簿を見ますと、ええっと、昭和14年に処分禁止の仮処分がされ、同年3月22日に処分禁止の登記がされています。仮処分権利者は個人で既に死亡しています。どう見ても実質を失っているとみえますから、仮処分を取り消して欲しいと裁判所にも相談しましたが、すこし調べてみなければならないという話でした。」

　「仮処分命令が取り消されれば、処分禁止の登記の抹消が嘱託されます。」

　「つまり、民事保全法の、ああ、そう、これの38条に基づく取消しの手続をすればよいですね。これ、買ったばかりの今年の六法です。」

「新しい六法を買うのはよいですが、皆さんは、その時、いままでのものは、どうしていますか。」

＊　　　＊　　　＊

❶　現代であれば

　この種の事件が現代に起こるのであれば、これを規律するのは、民事保全法である。同法24条・53条1項に基づき所有権に係る処分禁止の仮処分がされると、裁判所書記官は、処分禁止の登記を嘱託する（同法47条3項・53条3項）。この登記は、登記簿の権利部甲区にされる。その時から歳月が経ち、この仮処分が意義を失っているとみられるとき、どのようにしたら抹消することができるか。同法38条1項の事情変更による保全命令の取消しの裁判を申し立て、申立てを認容する裁判がされる場合は、裁判所書記官が、処分禁止の登記の抹消を嘱託する（民事執行法54条1項、民事保全法53条3項）。この取消しの裁判は、口頭弁論を経ることを要せず（同法3条）、決定でされる（民事訴訟法87条1項ただし書、民事保全法7条）。ここで、処分禁止の登記は、消える。

❷　ところが

　ところが、このようにトントンと話が簡単に進まないのは、たいてい、この種の消したいと望まれる仮処分の登記がされた時期が古いからである。民事保全法は、1991年1月1日、施行された。「施行前にした仮差押え又は仮処分の命令の申請に係る仮差押え又は仮処分の事件については、なお従前の例による」とされ（民事保全法附則4条）、「従前の例」は、民事訴訟法で規定されていた。ただし、今の民事訴訟法ではない。だから、市販されている六法全書を見ても、わからない。この連載の主人公である悦子が大学で法律を学び始める頃まで、今日は民事執行法が定める強制執行の手続も、それから民事保全法が定める仮処分や仮差押えの手続も、みんな当時の民事訴訟法で定められていた。当時の同法は、今のような現代口語でなく、漢字とカタカ

第3話　古すぎる仮処分　　13

ナの法文である。ここでの主題との関連で問題となる規定の747条は、二つの項に分かれており、1項は、今の民事保全法38条とほぼ異ならない。注意を要するものは2項前段であり、現代口語に訳すると、「この申立てについては、終局判決をもって、これに係る裁判をする」とある。つまり、現在とは異なり、判決手続になる（請求の趣旨および原因を参照）。保全事件を決定で処することに慣れている今日の感覚からは不自然にも感ずるが、これが「従前の例」であり、これによってするしかない。

3 悦子の本棚

　これらのことを容易に知ることができたのは、悦子の事務所に旧民事訴訟法が登載されている六法全書があったからである。それを彼女が保っていたのは、ノスタルジーによってではない。古い六法は、古い登記を消す、という彼女に託される仕事に役立つ。厄介な保全処分の登記などは、たいてい1991年より前のものである。さらに厄介なことに、その仮処分債権者は、多くの場合に存命ではない。あるいは、存命であるかどうかが、わからない。相続人を探すか、または仮処分債権者が住所を去ったものとして、不在者財産管理人の選任を申し立てる。不在者財産管理人は、多くは弁護士などが選任される。それらの者を相手方当事者とし、保全の必要性がなくなっており、仮処分債権者に保全の意思がないとみられることなどを理由として、判決手続を申し立てる（決定手続ではない）。根拠は、当時の民事訴訟法747条・756条である。首尾よく認容する判決が得られる際、主文は、「年月日にした仮処分命令を取り消す」となる。その確定判決の正本を添付して裁判所から嘱託がされることにより、処分禁止の登記が抹消される（法務局長回答大正5年4月10日民429号・先例集上411頁）。抹消の登記原因は、「仮処分命令を取り消す判決」である。登記原因の日付は、原則として判決が確定した日とする。ただし、判決に仮執行の宣言がある場合は、判決が言い渡された日である。

14　　第3話　古すぎる仮処分

請求の趣旨

物件目録記載の不動産に係る仮処分命令申立事件について、○地方裁判所が昭和○年○月○日にした仮処分決定を取り消す。

請求原因

1　申立人は、物件目録記載の不動産（次項及び第5項において「本件不動産」という。）を所有している。

2　Aは、本件不動産について、○地方裁判所に対し、譲渡その他一切の処分を禁止する旨の仮処分決定を申し立て、昭和○年○月○日、同裁判所は、その旨の仮処分決定をした。

3　Aは、昭和○年○月○日、死亡した。Bは、Aの子である。Bは、平成○年○月○日、死亡した。被申立人は、Bの子である。

4　（保全の必要性がなくなったことの評価根拠事実）第2項の仮処分決定の被保全権利は不明であって特定することができず、同仮処分決定についてA、B及びCは何らの権利行使もしていない。

5　よって、仮処分債務者である申立人は、本件不動産に係る仮処分命令申立事件について、○地方裁判所が昭和○年○月○日にした仮処分命令を取り消すことを求める。

４　日本の民事法制の歩み

　今、私たちは、民法や民事訴訟法、それから破産法などの民事の基本法令が、調った現代口語の文章で草された姿を眼にする。しかし、私たちが対している問題、つまり、古い登記の難題を打開しようとする場合は、それでは役立たない。ここに至るまでの民事法制の変遷に関する基本的な知識をもち、そのどこを活かして解決が得られるか、見定めなければならない。すこしショッキングな余談を加えよう。印象として政治と無関係にみえる民事法制であるが、そうでもない。強制執行のために必要がある場合は警察力を使用することができると定める民事執行法6条1項本文に当たる場所には、戦前、場合によっては兵力を用いることができる、という定めがあった。兵力の使用は、外患に向けられるとは限らない。じつに1945年8月14日、終戦の詔勅が発せられる機先を制し、これを妨害するため、陸軍の反乱分子は、国内治安維持のための陸軍大臣の兵力使用権を口実にしようとした。半藤一利『日本のいちばん長い日』（文藝春秋、1995［初出1965]）は、これのコントロールに苦心しながら日本を終戦に導こうした陸軍大臣

第3話　古すぎる仮処分　15

阿南惟幾の壮絶な最期を描く（二度の映画化がされました。三船敏郎と役所広司が演じましたが、甲乙を与え難し、ですね。皆さんの評価は、どうですか？）。兵力、言い換えるならば、私たちが作る政府が運営する実力、つまり「公の武力」というもの（フランス人権宣言12条）が、必ずしも民主政の本質と矛盾するとは思われないが、もし武力という営みを擁することを選ぶ際は、それが多くの人を傷つけ、あるときは私たち自身に銃口が向けられることがありうる、そこを御することができるか、ということについての、よほどの覚悟がなければならない。

＊　　　＊　　　＊

　めったに上気して語ることがない悦子の熱弁に、3人の聞き手は、気圧されたように沈黙する。彼女の語る兵力論に3人が何を感じたかは、わからない。やがて口を開いたのは、そこではなく、当面の主題である登記のことであった。

　「六法って新しければよいというものではないのですね。古いものは全部残しておかなければなりませんか。」

　「全部では本棚が足りなくなります。大事なところ、そう、2004年の不動産登記法の前の同法や不動産登記法施行細則はもちろんですし、会社法制定前の商法の規定、それから今度のように、民事執行法や民事保全法が整備される前の民事訴訟法の規定は手許ですぐわかるようになっていることをお勧めします。」

〔参考〕東京地裁保全研究会編著『民事保全の実務（下）〔第3版〕』（金融財政事情研究会、2012年）Q154〔甲良充一郎〕。

第4話

望まれる仮処分

第3話 で話題とされた二つの土地のうち乙土地は、面倒をもたらしているものが、処分禁止の登記ではない。あまり今では耳にしないが、**予告登記**というものである。乙土地は、平成8年5月8日、それまで所有していた高村サキが株式会社の嘉吉商事に売り、同年6月12日、売買による所有権の移転の登記がされている。担当者が相談に訪れた前号の県は、乙土地を取得しようとして、平成26年から交渉を続けている。サキは平成10年11月30日に死亡し、子息の幸太郎が相続したが、幸太郎から嘉吉商事に対し、上記移転の登記の抹消を請求する訴訟が提起され、これに伴い、乙土地の登記記録に予告登記がされている。

＊　　　＊　　　＊

皆様ご存知の畑中弁護士は、前号の用地取得の担当者に対し尋ねた。

「幸太郎氏が抹消を求めている理由は何ですか。」

「売買契約をした時にお母さんが高齢で意思能力がなかったから、契約が無効であるということのようです。それで、さらに厄介であることは、すこし嘉吉商事の経営がギクシャクしておりまして、社長は乙土地の当方への売却に乗り気ですが、たまたま幸太郎氏と懇意にしてきた副社長とそのとりまきの方々がブレーキをかけているという状況です。当方としては、予告登記がくっついて登記簿が汚れている乙土地をこのまま取得するということが、ためらわれます。」

「少々込み入っていますね。しかし、予告登記を消すこと自体は、なんら難しくありません。」

＊　　　＊　　　＊

1 予告登記って何？

　予告登記は、登記原因の無効または取消しによる登記の抹消または回復について訴えの提起があった場合に裁判所書記官が嘱託するものとされていた。平成16年全面改正前の不動産登記法が3条で定めていた制度である。その機能は、第三者に警告を与える趣旨であると説明されていた。

　この説明は、いちおう納得のゆくものであるが、問題も多い。警告をする事実上の機能にとどまり、抹消されるかもしれない登記を前提とする新しい登記を防いだり、新しい登記を覆したりする効力はない。中途半端なのである。悪用されることも、困る。登記原因の無効・取消しの原因などないのに馴れ合いで訴訟を起こして予告登記をさせて登記簿を汚し、その不動産に対する担保権の実行や差押えなど正常な権利行使をしようとする者の意欲を殺ぐ、という企てに用いられることもみられた。

2 平成16年の不動産登記法の改正

　そこで予告登記の制度は、平成16年の不動産登記制度の全面的な見直しにおいて廃止され、法律から姿を消した。しかし、現実に登記記録に存在している予告登記が、エイヤッと一瞬で消えるということはない。一つずつ消してゆくほかない。経過措置として登記官は、なにかの登記をする場合において、その不動産の登記記録に予告登記がされているときは、職権で、予告登記の抹消をしなければならない（不動産登記規則附則18条2項）。また、登記をするという具体の契機がなくても、登記官は、一般的に予告登記の抹消をすることができる（同条1項）。

　相談の事案は、嘉吉商事から県への所有権の移転の登記が申請され実行される際に予告登記が職権で抹消されるし、それを待たず予告登記を抹消する職権発動を登記官に促すということも考えられる。

18　　第4話　望まれる仮処分

3 むしろ望まれるものは

　もとより、登記の抹消手続を求める訴訟を提起しても、それを命ずる確定判決を得て、その判決をもって登記を申請をするまでは、すわりの悪い状態が続く。それとつきあうため、むしろ活用が望まれるものは、予告登記のようなものではなく、処分禁止の仮処分を得て、処分禁止の登記をすることである。保全の必要性を裁判所に疎明して認められるものであり（民事保全法13条）、また、申立債権者が担保を立てなければならないとされることもありうる（同法14条）。安易に濫用される心配は小さい。そして、いったん処分禁止の登記をしておくならば、その後に抹消の登記を申請する際、それと矛盾する登記の抹消も単独で申請することができる（不動産登記法111条）。

　予告登記が廃止されたことは、当然のなりゆきであった。

4 立法の過誤

　こうして不動産登記の制度からは、予告登記が姿を消した。困ったことに、平成16年の制度改正の精神が徹底していないものも、残っている。小型船舶登録令24条や自動車登録令34条が定める予告登録の制度である。しかも、これら予告登録のなかには、法律に根拠がなく、明示の根拠を政令に求めざるをえないものがみられる。自動車登録令は、道路運送車両法の委任を受け、また同法を実施するために制定されたものである。実施政令の限界を超えない、と疑義なく是認してよいか。くわえて、同令には、裁判所書記官に対し予告登録の嘱託を義務づける規定もある（同令35条）。はっきりした根拠が法律にないのに内閣の命令で裁判所書記官の職務を指示することができる、ということは、憲法77条への抵触がないか、など心配が尽きない。自動車は、よく差押えはあるもの、登録の抹消の訴えが提起されることは珍しく、あまり意識されないできたものであろうが、適切な法制の見直しが望まれる。

＊　　　＊　　　＊

第4話　望まれる仮処分　　19

畑中弁護士に相談をした時から2ヵ月が経過し、相談に来た西日本の県の担当者が再び訪れた。

　「あのあと嘉吉商事との交渉を続け、過日、無事に県への所有権の移転の登記がされました。先生がおっしゃったとおり、その際に予告登記も消してもらいました。予告登記というものを知りませんでしたし、それが濫用された歴史があることや、現在は廃止された制度であることなど、本当に勉強になりました。この件は、若干の騒ぎが残っている点を除けば、これで落着です。」

　「若干の騒ぎといいますと……」

　「ええ、当方は関知しないことですが、先日もお話したとおり、嘉吉商事に内紛めいたことがあり、副社長派は、県への売却が社内手続を経ていない社長の独断だという話らしいです。あまり根拠がある話のようにも聞こえませんが、万が一、派閥抗争で副社長派が実権を握れば、県への処分が無効だから登記を抹消しろ、とかいう話になったら困る、と一応は心配しています。」

　「でも、社内手続はきちんとしていて、そのうえで代表権のある社長がしたことなのでしょう。」

　「そのはずですが、いいがかりをつけるだけなら何だってできるじゃないですか。もし登記抹消の訴訟が県に対し起こされても予告登記がされるということはないと考えて大丈夫ですね。」

　「当然です。現在の不動産登記法のもとで、予告登記がされることは、ありえません。もし県への登記を抹消する訴訟を起こした側がするのであれば、県に対する処分禁止の仮処分です。」

　「その仮処分がされ、処分禁止の登記がされてしまったら、訴訟の結着が得られるまで、何もできないということですか。」

　「そんなことはありません。処分が禁じられるにとどまります。また、その仮処分に不服であれば、保全異議や更に保全抗告で争うこともできます。その意味でも、機械的にされてしまっていた予告登記と異なり、活用が望まれるものは、仮処分のほうなのです。」

20　　第4話　望まれる仮処分

〔**参考**〕予告登記の考察は、おおむね自動車や航空機にも妥当する。山野目「放棄書面による予告登記の抹消」登記情報 41 巻 4 号（通巻 473 号、2001年）は、意義を失う日が来ることが望まれる。

第5話

共有惣代誰という土地

　土地の登記名義が変則的なものになっていて、登記の手続が円滑に進まない。そんな悩みの相談を受けてくれる、という評判が立った畑中弁護士は、いつのまにかSWATというニックネームが与えられた。SWATとは、爆発物処理など厄介な特殊任務をこなす警察などの特殊班である。面倒な登記を爆発物に喩えて、その処理の専門家ということであろう。きょう、同弁護士の事務所を訪ねたのは、相続した土地のことで悩む猿飛三郎なる人物である。

　　　　　　　　　＊　　　＊　　　＊

　「この図面をごらんください。457番と486番の土地を相続したのが私です。父の猿飛久助が昨年に他界しました。その前年に母もなくなっており、相続人は私を含む3人の子でしたが、兄弟で相談し、この2筆は私が所有することになりました。そこで、相続による所有権の移転の登記をしようとしましたが、法務局から、このままではできないといわれました。いずれも登記簿は表題部のみが開設され、地目は墓地になっていますが、現地に墓らしきものはなく、ずっと久助が資材置場として用いてきました。私は、457番の土地に住宅を建てようと考えています。」

　「表題部のみ、というお話ですが、**表題部所有者**は、どうなっていますか。」

　「表題部所有者は、猿飛佐助、これは久助の父ですから、私の祖父です。相続により佐助→久助→三郎と権利が来ましたから、不動産登記法74条1項1号の承継人として私を登記名義人とする所有権の

22　　第5話　共有惣代という土地

保存の登記ができるのではありませんか。」

「登記簿を見せてください。あら、表題部所有者は、ただの『猿飛佐助』でなく、『共有惣代　猿飛佐助』となっています。これは、簡単ではありませんね。この土地は、おじいさんの佐助さん個人のものでなく、おじいさんが皆を代表して所有しているという意味の登記になっています。」

「皆、とは、だれですか。」

「調べてみないとわかりませんが、たとえば入会地を所有する村のみんな、ということです。」

「いりあいち、ですか。」

＊　　　＊　　　＊

1　入会権とは何か

　入会権は、民法が定める物権の一つであるが、法律行為でなく、慣習により成立する。古い時代から集落で共同して使用する山林や墓地の利用関係を民法において是認するために認められた権利である。入会権そのものを登記する途はない。457番の土地が、かつて村人たちが共同で所有する土地であったとすれば、ここの入会権は、**共有の性質を有する入会権**であり（民法263条）、当時の村人たちが共同で所有する土地であった。この共同所有は、とくに**総有**とよばれる。その登記上の表現として、「共有惣代　某」という代表者の氏名で登記がされることがある。**共有惣代**という肩書により、個人の所有でないことが示される。今日の登記実務は肩書のついた登記を認めないが、昔のものは残っていることがある。「共有惣代」の登記がされているから、必ず実体が入会地であったとは限らない。そこは調べてみることとして、そうであるとすると、つぎは、現在は入会地ではないらしい、ということにも気づく必要がある。歳月を経て入会利用がなくなると、かつて代表者として管理していたことが世代交代で意識されなくなり、個人として使用されるものに変ずる。これが長期間続けば、現在の占有者のために土地の**時効取得**が認められる（同法162条1項）。登記の

第5話　共有惣代誰という土地　　23

手続上は、占有者のための時効取得を認める確定判決を得て、これにより占有者のための所有権の登記をする（不動産登記法74条1項2号）。

2　入会権の構造

入会権は、重層の構造をもつ。第一に、村人たち全員が総有という特殊な共同所有をしているという側面がある。これと対比される第二の側面として、村人たちは**入会団体**を構成しており、入会地は、この団体に帰属するという側面もある。入会権は、これら第一・第二の二つの側面が重なり合って存在する構造をもつ。

第一の側面を強調すると、入会地の占有を継続したとして時効取得を主張する者は、表題部の登記がされた当時の村人たちまたはその相続人の全員を被告として、所有権確認の訴えを提起しなければならない。この訴訟は、必要的共同訴訟である。しかし実際上、一人も漏らさないでこれらの人々を特定して探し出すことは、かなり難しい。

3　入会団体を被告とする訴訟の実体的理解

現実的な可能性がある解決として、上記の第二の側面に注目し、入会団体を被告として所有権確認の訴えを提起することが考えられる。

とはいえ、現在も代表者が実在して現に活動している入会団体は、多くない。すでに団体としての存在そのものを失っているとみられることもある。団体が解散していると考えられる場合は、457番の土地をどうするか、という清算の範囲内においてのみ存在すると法律的には整理される。代表者がいない場合において、それを選任すればよい（団体が解散しているとみられる場合は清算人を選任する）とも考えられるが、慣習上の権利の主体である入会団体の代表者を選任する手続は、法制上整備されていない。

もっとも、時効取得を主張する者は、入会団体の財産関係全般を総括的に処理することを考える必要はなく、要するに、その土地に関する限りで問題が処理されればよい。その処理の方策は、入会団体を被

24　第5話　共有惣代誰という土地

告とする訴訟（民事訴訟法29条参照）において占有者の所有権の時効取得を認めてもらうことである。

④ 入会団体を被告とする訴訟手続の工夫

その訴訟の限りで入会団体の利害を扱う者が定まればよいから、これに親しむ手続としては、民事訴訟法35条・37条に基づき、**特別代理人**を選任してもらい、この特別代理人が入会団体のために訴訟行為をすることで訴訟が進む。被告は、あくまで入会団体そのものである。被告の表示は、この相談と同じ構図の事案において、「共有惣代猿飛佐助たる集落」を被告とする訴訟として認められた例が報告されている（〔**参考**〕の裁判例）。

この訴訟において、時効により現在の占有者が所有権を取得し、したがって現在の占有者が所有権を有することを確認する確定判決が得られるならば、それを提出して申請することにより、不動産登記法74条1項2号に基づき、所有権の保存の登記が実現する。

＊　　　＊　　　＊

「『共有惣代』という肩書がついていてヘンだな、と感じていましたが、『共有惣代　猿飛佐助』で登記されるのと、単に『猿飛佐助』で登記されるのとでは、大きく意味が異なるのですね。」

「『惣』でなく『総』の字が用いられていることもあります。また、いずれの字であれ、後ろに『外何名』というものが付くものもみられます。たとえば『共有惣代猿飛佐助外24名』というように、です。」

「よくわかりましたが、どうしても訴訟をしなければならないものでしょうか。」

「この事例は、判決手続を経ないですることは、ちょっと難しいですね。入会団体が現在は町内会のような地縁団体として現実に活動しているというのであれば、地方自治法の260条の38、260条の39が定める特別の手続により地縁団体を登記名義人とする登記の手続をすることもできます。しかし、お話では、久助さんの代になって

第5話　共有惣代誰という土地　　25

からは個人の独占使用という状況になっていて、それに村の人たちから異論が出ていないとすれば、この手続を用いるのに適した状況ではありません。村の人たちが共に暮らすためにこそ、入会地やそれを管理する団体がありましたけれども、現代の生活がそれを必要としなくなったということでしょうね。」

〔参考〕名古屋地判平成 26・10・2 登記情報 55 巻 4 号 85 頁。

第6話

誰外何名という土地

　457番と486番の土地を相続したものの、登記の様子がおかしく、解決を求めて畑中弁護士を訪ねてきた 第5話 の猿飛三郎であったが、いわゆる共有惣代地である457番の土地は、先代が時効取得したとして、訴訟を提起する方策を助言されたことで、ずいぶん気分が明るくなってきた。

　　　　　　＊　　　＊　　　＊

　「先生、そうすると、486番地のほうも、同じく入会団体を被告とする訴訟を提起し、被告の特別代理人の選任命令を申し立てればよいということになりますね。」

　「登記簿は、どうなっていますか。」

　「こちらも表題部のみが開設されており、**表題部所有者**は、はっとりはんぞう……そと……？」

　「『服部半蔵外18名』ですね。457番の土地と異なり、『共有惣代』の肩書がありませんから、これは共有惣代地とはよびません。実体も入会地ではないでしょうね。」

　「入会地でなければ何なのでしょうか。」

　「19名の人たちの共有であった、けれど共有になった事情は、今日ではわからない、というあたりでしょうね。」

　「だったら、19名全員の名前を登記しておくべきではありませんか。」

　「私たちは、登記簿が電子の媒体で作られている時代を生きています。電子の空間は、容量が無限です。けれど、明治や大正の頃、登記

第6話　誰外何名という土地　　27

簿の表題部の前身であった**土地台帳**は、紙で作られていて、二次元の紙面という限界がありました。書き切れないほど共有者が多いと、一人のみ台帳の本体に記名して、あとは別葉に記しました。歳月が経つうちに別葉が失われると、18名は不詳になってしまいます。このようなものを**記名共有地**とよぶのですよ。」

「わかってはきましたが、それもこれも私に責任のあることではありませんよ。」

「責任とか、愚痴みたいなことを言っていないで、服部半蔵氏の相続人を調べてください。その人たちを相手に訴訟を起こすことになるわ。」

＊　　　＊　　　＊

1 判決による所有権の保存の登記の手続

　表題部のみが開設されている場合において、権利部甲区の初めの登記となる所有権の保存の登記は、どのようにしてされるか。1号ルートと2号ルートとがある。不動産登記法74条1項"1号"に基づき、表題部所有者を登記名義人とする所有権の保存の登記ができる。表題部所有者は、**所有権を有することを証する情報**の提供を受けた登記官の実質的審査が済んでいる（不動産登記令別表4の項添付情報欄ハ）。これが、実態上最も多い。しかし、同項"2号"に基づき、申請をすることもできる。それは、**所有権を有することが確定判決によって確認された者**が申請する場合である。事例は多くないが、重要な手続であり、本件の猿飛三郎氏の486番の土地は、これでゆくしかない。

2 平成10年の登記先例──その前段

　とはいえ、2号ルートは、いわば現にいる表題部所有者を飛ばして、手続が進むことになる。登記官が所有権証明情報を審査して所有権を有すると認定した表題部所有者を差し置いて所有権の登記名義人になることができる、ということは、安易に認められるとすれば、いささか穏当に欠ける。そこで登記先例は、このルートの申請の根拠とする

確定判決は、表題部所有者またはその一般承継人に既判力が及ぶもの
でなければならないとする（民事局第三課長通知平成 10 年 3 月 20 日民
三 552 号・先例集追Ⅸ 107 頁）。共有になっているため表題部所有者が
複数いる場合は、全員を当事者としなければならない。

❸　平成 10 年の登記先例──その後段

　さはさりながら、である。いわゆる記名共有地の場合は、これが可
能でない。「服部半蔵外 18 名」を被告としようとしても、できない話
である。刑事の告訴や告発は、氏名不詳ですることができる（電車の
なかで私の身体に触った誰か、というように）が、民事訴訟の被告を氏
名不詳で通すことは認められていない。そこで前記の平成 10 年の登
記先例は、後段で次のように述べる。表題部所有者の全員を被告とす
ることができない記名共有地の場合は、便宜、知れている表題部所有
者を被告とする訴訟において、**証拠により**原告の所有権が認定されて
いる確定判決が得られる場合は、それにより所有権の保存の登記を申
請することができる、と。表題部所有者の全員が当事者となっていな
いからには、登記の実体的真正を確保するため、司法裁判所の実質的
判断を仰ぐ必要がある。

　そこで 486 番の土地の場合は、服部半蔵の相続人らを被告とし、猿
飛三郎を原告とする所有権確認請求の訴訟において、原告が三郎とそ
の先代の久助の占有期間を通算した時効取得を主張し、それを根拠づ
ける主要事実が証拠により認定される判決を得なければならない。

❹　訴訟手続の工夫──擬制自白の回避

　時効取得を根拠づける主要事実は、証拠により認定されなければな
らないから、被告が弁論に出頭して争うと陳述してもらわなければ困
る。被告が**自白**する事実は、裁判所が、証拠によらず、その事実が存
在するものとして審判をすることになる（民事訴訟法 179 条に基づき、
証明不要効が生ずる）。とくに困ることは、486 番の土地の事案の服部

第 6 話　誰外何名という土地　**29**

半蔵氏の相続人らは同土地への関心を失っている可能性が大きく、訴訟の弁論に出頭しないことが考えられる。そうなると、民事訴訟法159条3項により自白があったものとみなされ（**擬制自白**）、証拠による事実認定の機会が失われるから、訴訟に勝っても、ちっとも嬉しくない。証拠による事実認定がされず、登記手続では役に立たないから。このなりゆきを避けるためには、訴訟提起の準備として被告と折衝し、原告の主張を「争う」、「知らない」、「証明してほしい」などの趣旨を述べる書面を裁判所に提出していただきたいと要請することが考えられる。裁判所に対しても、言い渡される判決が登記手続でもつ意義について理解を得ておかなければならない。争う旨の被告の書面をもって裁判所が請求原因事実を否認する趣旨の準備書面として扱ってくれるならば、たとえ被告が欠席したとしても、民事訴訟法158条により準備書面の内容の陳述が擬制され、自白の擬制が避けられる。

＊　　　＊　　　＊

「やや訴訟法の話が難しいですが、ただ訴訟を提起するのでなく、被告とする方の理解を得なければならないことは、なんとなくわかりました。」

「ええ、この訴訟は、激しく原被告が実質的に対立しているというよりは、原告の猿飛さんの時効取得を被告の服部さんの子孫に納得してもらう、ということが本当の眼目ですから。」

「それなら、あと一つお尋ねがあります。たしか、民事訴訟は、負けたほうが訴訟費用を負担するのですよね。」

「民事訴訟法61条で敗訴者負担が原則ですから、ふつう、そう判決では言い渡されることでしょうね。」

「被告となる服部さんの子孫の方々に、争うと述べたうえで、しかし負けることになります、と説明し、あげく訴訟費用を負担いただきます、ということでは反発されるだけではないですか。」

「判決に書いてあったって、現実に取り立てなければいい話ですし、そのことも先方によく説明しておけばよいことでしょう。同じ法律の

71 条の訴訟費用の確定手続を裁判所書記官に申し立てなければ、それで済むことです。法律が与える解決というものは、法律を作るお役人や、判決を書く裁判官が決める、と考えがちですけれど、どうでしょうか。それらも大切だけれど、現実のかなりは、書記官や執行官、そして登記官などの人たちの手許で扱われる、それが実務というものよ。」

〔**参考**〕田中康久「記名共有地の登記処理について」登記インターネット 88 号（2007 年）。

第6話　誰外何名という土地　　31

第7話

銃後の後始末

　畑中弁護士は、立食パーティーというものが苦手である。立って聴いている状況を知りながら延々と話をする人たち。日本人は、この宴の様式に習熟していない。「ええ、本日の受賞作の魅力はたくさんありますが、ここで8つばかり述べてみますと、第一に……」などという祝辞を聴きながら、うんざりした顔でグラスを手にする彼女に寄ってきた者らがいる。「畑中先生でいらっしゃいますか。本日は、私どもの郷里が生んだ作家の祝宴においでいただき、ありがとうございます。これを機に市では文学館を建てることにしまして、適地を探していました。甲・乙・丙の3つの土地が候補になりましたが、丙土地は条件が折り合いません。そこで残る2つに絞ってみましたが、どちらも登記上、気になる点があります。甲・乙のどちらの土地にしたものか、ご相談にのっていただけないでしょうか」。

＊　　　＊　　　＊

「取得の登記をお薦めするのは、甲土地のほうでしょうね。」

「甲土地を買収するということですね。」

「買収ではありません。実体的には昭和22年に既に市のものになっています。」

「収用であれ任意買収であれ、ただというわけにはいかないでしょう。憲法29条3項もありますから。」

　市営の文学館を建てる用地を選定しようとしているのは、北日本のある県にある遠海市の担当者らであり、候補のうちの甲土地は、昭和初期に「遠海町茶畑」を登記名義人とする所有権の登記がされている。

32　　第7話　銃後の後始末

「茶畑」が個人でないことは明らかである。どうやら当時の町内会であるらしい。

　「たしかに特定の人の犠牲で財産を公の用に用いるのには、補償をしなければなりません。それが憲法の考え方です。けれど甲土地は、穏やかに説明すれば、もともと特定の人ではなく、地域の人たちみんなの土地であったということでしょうか。」

　徐々に興味を刺激されてきた担当者らが、なかば恐る恐る尋ねる、「穏当でない説明というものもあるのでしょうか。」

　「政治史的に述べれば、甲土地は、公に帰属させてよい、というよりも帰属させなければならないものでした。戦後民主主義を出発させるためであり、憲法の適用という以前の、今の憲法を成り立たせる前提問題というべきものが含まれています。」

＊　　　＊　　　＊

■ 戦後史を区分する

　「朕ハ、帝国政府ヲシテ、米英支蘇四国ニ対シ、其ノ共同宣言ヲ受諾スル旨通告セシメタリ」（読点は引用者）という終戦の詔勅により昭和20年に保障占領を受け容れることになった戦後は、国制史的に三つの時期に分かれる。第一期は、1889年（明治22年）の憲法のもとで保障占領がされた時期であり、日本の民主化のため戦後改革を進める連合国最高司令官の政策は、同憲法8条の緊急勅令の形式で実施された（ポツダム勅令）。第二期は、1946年（昭和21年）の憲法のもとで占領が継続する時期であり、同最高司令官の意思は、政令の形式を借用して実現された（**ポツダム政令**）。ようやく第三期に独立を回復し、同憲法は名実ともに最高法規となった。その姿しか知らない私たちは、政令は法律の実施または委任の事項しか規定することができないという国法形式（憲法73条6号）の理解に慣れ切っている。けれど第二期において、ポツダム政令は、政令でありながら、憲法や法律の上にある権威をもった。その政令の一つに、昭和22年政令第15号がある。その意義を理解するためには、戦前の町内会というものを勉強しなければならない。

第7話　銃後の後始末　　33

❷ 銃後を支える町内会

太平洋戦争では、多くの兵士たちが戦地に斃れた。しかし、戦争に駆り出されたのは、前線の兵士たちばかりではない。国家総動員体制は、この国の社会のあらゆる側面を戦争に向けて動かそうとした。地域の住民組織も、例に漏れない。戦況が険しくなり、昭和20年3月10日の東京大空襲で多くの市民が犠牲になる惨劇が起こり、米軍の上陸に備えた市民の戦闘訓練までが行なわれるようになる。国家の狂気というものは、いきつくところ、ここまで来る。地域の住民組織である**町内会**は、これを支えることを強いられた。そのために町内会は、強化もされた。町内会で昭和18年法律第81号による町村制の改正により法人となったものが所有していた土地は、町村制の72条ノ3第2項により、「自己ノ名ヲ以テ財産ヲ所有スルコト」ができるとされた。市制も、同旨の改正がされている（昭和18年法律第80号による市制88条ノ2の改正）。

❸ 昭和22年政令第15号

こんな過去をもつ町内会は、戦後日本の民主化という占領目的に照らし、存在が許されるものではなかった。連合国最高司令官は、その解散および財産の没収を求め、これを受け政府は、**昭和22年政令第15号**を制定する。それによれば町内会は、昭和22年5月31日までに解散をしなければならず、清算の手続に移る。そこで町内会は、清算の目的の範囲内において、その結了まで存続する。残余財産は、規約もしくは契約の定めまたは構成員の多数をもって議決したところに従い処分される。この処分の相手方は、私人や公私の各種団体でありうる。昭和22年政令の施行後2月以内にこの処分がされない場合において、その財産は、その2月の期間満了の日に市区町村に帰属する。

❹ 市区町村への帰属の登記上の公示

土地が昭和22年政令2条2項に基づき市区町村に帰属する場合は、

34　　第7話　銃後の後始末

本文**4**の登記を嘱託する際の報告形式の登記原因証明情報

登記の原因となる事実又は法律行為

(1) 本件不動産は、昭和22年5月3日当時、昭和22年政令第15号第2条1項に定める町内会である茶畑町内会に属していた。
(2) 本件不動産は、昭和22年7月3日までに、昭和22年政令第15号第2条1項に基づく処分がされていない。
(3) 昭和22年7月3日は、経過した。
(4) よって、本件不動産は、昭和22年7月3日、昭和22年政令第15号第2条2項に基づき、茶畑町内会の区域が属する遠海町に帰属した。

町内会から市区町村への所有権の移転の登記をすることになる。その登記原因は「昭和22年政令第15号第2条第2項による帰属」であり、日付は「昭和22年7月3日」である（民事局長電報回答昭和38年11月20日民甲3118号・先例集Ⅲ1130の364頁）。この登記は、登記権利者である市区町村の（申請でなく）**嘱託**による。不動産登記法116条1項の手続であり、登記義務者である町内会の代表者の承諾を証する情報を添付しなければならない（不動産登記令別表73の項添付情報欄ロ、民事局長通達昭和22年6月18日民甲550号・先例集上789頁参照）。

＊　　　＊　　　＊

「このたびは、ありがとうございました。市の所有地とする登記が滞りなく終わりました。すでに活動の実態が消えている町内会の代表者の承諾書が要る、という話には途方に暮れましたが、そこを打開したのは、先生の尽力によるものです。」

たしかに登記先例によれば、市を登記権利者とする登記を嘱託するために、登記義務者の承諾証明情報として町内会を代表する個人の承諾証明情報が必要である。それは、代表者なるものが実在する時期には可能な話であるかもしれない。が、町内会が実態を失って半世紀を優に超える今日、そんな代表者なるものは、いない。かといって、昭和22年の政令による市区町村への帰属をいつまでも登記上公示することができない状態にすることは、不適当である。遠海市の代理人を

第7話　銃後の後始末　　35

務めた畑中弁護士と管轄登記所が知恵を絞った結論として、昭和22年当時に18歳に達していた者で町内会の活動実態に精通する者の承諾書に加え、甲土地が町内会「遠海町茶畑」のものであったことを確認するなどする市長の上申書を添付して嘱託をする、という処理がされた。これらをもって登記義務者の承諾証明情報に代わるものとみる、という取扱いであると理解することができる。

〔参考〕西田幸示「部落名義地の登記について」登記研究400号（1981年）。

第8話

農地改革いまだ終わらず

　北日本にある遠海市は、同地から輩出した作家の顕彰などのため文学館を建設する事業を企て、その用地として甲・乙の二つの土地を候補として検討対象とした。いずれも登記上の問題があるようにみえることから畑中弁護士に相談したところ、 第7話 で話が進んだとおり、同弁護士は、甲土地の取得の登記をすることを推奨した。では、なぜ乙土地は、選ばれなかったか。

　　　　　　＊　　　＊　　　＊

　「先生の御助力のおかげで、首尾よく甲土地の登記の手続が終わり、これからは設計、建設へ進む段階になります。市民の意見も公募し、良いアイデアが反映された文学館にしたいと、職員みんなが意気込んでいます。うまく進んでいますから、いまさらですが、後学のために、お教えください。どうして、いま一つの候補であった乙土地を避けるようにおっしゃったのですか。」

　「入手なさった平成4年当時の登記簿謄本をごらんいただけますか。」

　「ええ、甲区には、伊藤博文という方を登記名義人とする登記が順位番号が4で昭和6年にされています。調べたところ、この方は亡くなっていて、相続人とはお会いすることができ、その人たちは市への売却に積極的でした。ですから、その人たちへの相続を原因とする所有権の移転の登記をしてから、市への売買の登記をすれば何ら問題がないようにみえます。」

　「その人たちが所有者であることに疑いがあります。表題部の欄外

をごらんください。」

「ええと、じのうほう、……何ですか、これ？」

「『自農法による買収登記嘱託書綴込帳第2冊第56丁』とあり、『自農法』は『自作農創設特別措置法』の略です。」

「たしか、そんな言葉は、むかし高校の日本史で勉強したときに教わった、ああ、農地改革の話に出てきた記憶があります。」

「ご名答！　おそらく住所などから、伊藤博文さんは不在地主であったとみられます。農地改革により国に買収された後、そこに当時いた小作人に乙土地が売却されるはずなのに、その登記がないのよ。そこの権利関係がわからなくなっているし、現地の状況によっては全く別の人が時効取得しているおそれもあるわ。確実に所有権を確認して登記を進めるには、きっと裁判をしないと、いけないでしょう。他の条件が同じだったら、甲土地にしておくほうが、円滑ではないかしら。」

＊　　　＊　　　＊

▉ 昭和21年の農地改革

　戦後の保障占領のもと、連合国最高司令官は、戦前の地主制を解体し、現に農地で耕作をしている小作人に所有権を取得させるための改革の断行を指示した。これを受けて行なわれたものが、**農地改革**である。農地のある場所に住所を有しない地主（不在地主）は小作地の全部を、また、住所を有する地主（在村地主）は一定面積を超える小作地を国に買収され、それらが小作人に売却された（**自作農創設特別措置法**3条、また同法30条）。この改革が、日本の民主化のため理由のあるものであったことを疑う余地はない。けれど、戦前日本の地主制が強固で広汎であったことを想起すれば、買収を原因とする所有権の移転の登記をしなければならない筆の個数が膨大なものになることも、気づかれうる。そして一種の大規模な社会的混乱を来している登記所も、ものすごく忙しい。

❷ 買収の登記

そこでは、いきおい、簡略・迅速を確保するための事務処理態勢が要請される。それに根拠を提供したものが、自作農創設特別措置登記令10条にほかならない。同条によれば、買収の登記は、**土地買収登記嘱託書綴込帳**に登記嘱託書を編綴すれば、それでしたことになる、なお念のため、そのことは、その土地の登記用紙の表題部の欄外に附記しておくことにしよう、という話である。表題部の本体が顔であるとすると、その欄外にまるで"耳"のように附記がされる。あまりにもたくさんの登記嘱託があって、みんな国のものにするぞ、ということならば、丁寧に登記簿に書き込むことをせず、別のファイルを用意し、そこに綴じ込むと、それで登記をしたことになる、という仕組みである。

❸ 売渡しの登記がされる場合

多くは、そのすぐあと小作人へ売り渡される。乙土地が仮に小作人の山縣有朋氏へ売却される場合は、順位番号を一つ飛ばして6とし、「自作農創設特別措置法第16条の規定による売渡」を登記原因として山縣有朋への所有権の移転の登記がされ、そこに「土地売渡登記嘱託書綴込帳第2冊第63丁に基づいて記載した」というふうな附記がされる例である。

❹ 売渡しの登記がされないままになると

ところが、現実の乙土地は、これがされないままになっている。ときにこのようなことがある。登記簿は伊藤博文氏が登記名義人である状態のままであり、うんと小さく端っこにされている**表題部欄外附記**が看過される不幸が起こりうる。もし乙土地の所有権の登記名義人である伊藤博文氏の子孫が、まるで農地改革などなかったかのような顔をして、相続による所有権の移転の登記を申請してきたら、どうするか。まず、その申請を審査する登記官が、農地改革による買収があっ

第8話 農地改革いまだ終わらず 39

農地改革の際の登記のイメージ

（原本は、縦書で電子化されていない登記用紙で作成されている。）

（甲区）

順位番号　四番
昭和 6 年 5 月 8 日受附第 1356 号
昭和 6 年 4 月 28 日家督相続ニ依リ遠海郡渥美村大字湯元伊藤博文ノ為メ所有
権ノ取得ヲ登記ス

（表題部の欄外）

　　　　　　　　　　　　　　　　自農法による買収登記嘱託書綴込帳第 2 冊第 56 丁

（甲区）

順位番号　六番
昭和 25 年 6 月 14 日受付第 823 号
昭和 23 年 4 月 18 日自作農創設特別措置法第 16 条ノ規定ニ依ル売渡ニ依リ遠
海郡田野畑村字三崎山縣有朋ノ為メ所有権ノ取得ヲ登記スル
右昭和 25 年 6 月 14 日土地売渡登記嘱託書綴込帳第 2 冊第 63 丁ニ基イテ記載
シタ

たことを示す表題部の欄外附記に的確に気づく場合において、乙土地
は、すでに伊藤博文氏でなく、国または国から売却を受けた誰か、が
所有者である前提で審査がされる。したがって、伊藤博文氏の子孫か
らの登記申請は、登記義務者（それは伊藤博文氏である）とされる者と
登記名義人（それは既に伊藤博文氏ではない）とが齟齬するから、不動
産登記法 25 条 7 号に基づき却下しなければならない（民事局長回答昭
和 41 年 4 月 22 日民甲 948 号・先例集追Ⅳ 731 頁）。

　では、伊藤博文氏が依然として登記名義人であると勘違いしたら、
どうなるか。その場合は、相続による所有権の移転の登記がされてし
まう。それは、本来はしてはならない違法な登記である。しかし、あ
とで気づいても登記官が職権で抹消すること（不動産登記法 71 条）は
許されない（民事局長回答昭和 57 年 7 月 12 日民三 4430 号・先例集追Ⅵ
1177 頁）。登記手続の世界では、ときにこういうことがある。本来、

40　　第 8 話　農地改革いまだ終わらず

してはならない違法な登記であるから、まだされていない段階では、当然、申請を却下する。けれど、いったんされてしまったならば、それを前提に法律関係が形成されていることもありうるから、よほど違法が顕著で重大である場合を除き、**職権で抹消することは控える**ということは、権利に関する登記においては、ありうる思考法である。ここで問題としている場合も、現在の真の実体的所有者が誰であるかは、司法裁判所の判断を仰ぎ、そこで所有権の確認を得る者が、判決による登記を申請してくることを待つなどの謙抑的な扱いが、むしろ正しいと考えなければならない。

＊　　　＊　　　＊

　「いやあ、乙土地は、手出しをしてはいけない土地だったのですね。くわばら、くわばらです。それにしても、甲土地についてのポツダム政令といい、乙土地の農地改革といい、まだ戦後は終わっていないということでしょうか。」

　「地方自治や地域の住民組織を再編したのも、土地所有制度を抜本改編したのも、戦後改革は、つまるところみんな、この国に自由、平等と平和をもたらすためだったわ。それらを手にした私たちは、空気のようにそれらを感じているけれど、本当は戦後民主主義の果実というものを不断に意識していかなければいけないのでしょうね。」

　と説明し、執務に戻る畑中弁護士が「若く明るい歌声に…♪♪♪」と口ずさむが、この曲が何か、訪問者らは知らない。

〔**参考**〕「自作農財産の概要〜担当者となられた皆さんへ〜」農林水産省の中国四国農政局のウェブサイト〈http://www.maff.go.jp/chushi/keiei/nozaisan/pdf/gaiyou6.pdf〉。

第8話　農地改革いまだ終わらず　**41**

第9話

益城町に涙する

　思わず立ち尽くし、ひとりでに涙がこぼれ落ちてきた人がいる、という。畑中悦子弁護士は、その人の気持ちがわかるような気がした。一帯の建物がことごとく崩れている姿は、図象としては、テレビで眺めるものと異ならない。しかし、四角い画面で切り取られた映像と現場は異なる。同じ光景であっても、倒壊した建物がぐるりと360度、見渡す限り続く。

　土地の登記名義が変則的なものになっていて、登記の手続が円滑に進まない。そんな悩みの相談を受けてくれる、という評判が立ち、人々がSWATというニックネームでよぶようになった畑中弁護士であるが、いつも登記の仕事ばかりしているものではない。被災して融資の返済ができなくなった会社と、融資元の銀行の関係者を前にして悩みを聴いているうちに、できれば現地もごらんいただけませんか、という話になった。

＊　　　＊　　　＊

　「できれば現地もごらんいただきたいのですが、こちらの会社が資材置場に用いている甲土地と、それから事務所に用いている乙土地は、いずれも当行が抵当権を取得しています。それぞれ困った問題があり、今後の再建にも差し支えると考えています。甲土地からお話ししますと、その上に丙建物が存在するという登記があります。が、現地は、資材置場であり、建物など見当たりせん。現状で特に不便はありませんが……」

　借入企業の担当者が話を継いで「ええ、当面の使用には差し支えま

せんが、再建が軌道に乗ってきたら、ここに倉庫を築く予定でおりま
して、このままでは建築確認などで躓きそうです。丙建物の登記名義
人は心当たりのない人ですから、これはやはり不在者財産管理人を選
任して、その人を相手に訴訟をしなければならないことになりますか。
とはいえ、壊滅的な打撃を受けた私どもにそんなことをしている余裕
は、正直、ありません。」

　「**表示に関する登記**は、現況に従って登記するものですから、ない
ものはないとすればよいことです。裁判をする必要はありません。む
しろ、法務局に相談してみましょうね。」

＊　　　＊　　　＊

１　崩れ落ちた建物のさまざま

　人を涙に誘う倒壊建物の群ではあったが、登記の専門家には、また
別の視線がある。その視線の先には、①すっかり壊れた建物、②一部
が壊れたけれど建物であり続けている建造物、さらに少し複雑になる
が、③母屋が壊れているが納屋などが残っている事例、そして現場で
可視的ではないが、④存在しないのに登記がある建物などがある。

２　建物の滅失の登記

　①は、最も単純である。**建物の滅失の登記**をする。いちおう、所有
権の登記名義人に申請する義務がある（不動産登記法 57 条）。しかし、
おそらくは登記官が職権で（つまり国庫の費用で）してくれるであろ
う（同法 28 条）。登記原因日付は、東日本大震災の例では「平成 23
年 3 月 11 日震災」であった。このたびは少し難しい。やはり登記原
因は「震災」であろうが、日付は、いちおう「平成 28 年 4 月 16 日」
とその前々日の二つが考えられる。が、どうせ壊れたものである。日
付は「不詳」とすればよいのではないか。これも表示に関する登記で
は珍しくはない。あるいは、16 日に代表される一連の事象であると
捉え、すべて同日で統一することも考えられる。東日本大震災の際、
後日に解体した事例でも、多くは日付を 3 月 11 日とした。いずれに

第 9 話　益城町に涙する　　43

しても、こんなことで被災地を悩ませてはならない。登記は人間のためにあるものであり、その逆ではない。登記の専門家であればこそ、悦子は、そう考える。

3 建物の表題部の変更の登記

　②は、たとえば白壁が剥落したという程度のことであれば、修復工事をする現実の必要があるとしても、登記上することは何もない。それに対し、床面積や建物の構造など建物の表示に関する登記の登記事項（同法44条1項）のいずれかに変更が生じた場合は、従後の状況を反映するように、表題部の（更正でなく）変更の登記をする（同法51条）。更正は初めから誤っているものを正し、変更は後発的変化を反映させるものである。

4 やはり建物の表題部の変更の登記にはちがいないけれど

　益城町は、商工業もないものではないけれど、農耕や牧畜もさかんである。母屋である居宅の脇には、農機具を収める納屋や、家畜を飼う畜舎があり、それらはかなり頑丈な建物にみえる。母屋が倒壊していても、仮設住宅への転居に困難があり、あるいはそれを厭う人々が避難して暮らしていたりする。「畜舎」はそれとして登記されるが、納屋は、かつての扱いは「納屋」であったが、現在の扱いは「倉庫」または「物置」とするらしい。それを畑中弁護士は、寂しく思う。納屋という言葉の響きが、惜しい。

　いずれにせよ③は、納屋などが母屋と同一の登記記録において**附属建物**（同法2条23号）として登記されており、母屋である主たる建物が滅失した場合において、附属建物を主たる建物とする**表題部の変更の登記**をする（不動産登記事務取扱手続準則102条）。一般に、附属建物が軽微で独立性の乏しい場合（多くの場合の車庫など）は、たとえ附属建物が無傷で残っていても、それを含めすべて建物が滅失したものとして、滅失の登記をし、登記記録を閉鎖しなければならないが、

44　　第9話　益城町に涙する

現地を踏査する限り、とても軽微などとすることはできない。人が避難していることもある建物である。

5 表題部の抹消の登記

④は、前述2の建物の滅失の登記と実質が等しい手続が行なわれる。ただし、それを滅失とはよばない。初めから存在しないものは論理的に言って滅失するはずがない。その登記は、なんらかの過誤によりされていたものであろう。錯誤によるものである。そこで、単に、**表題部の登記の抹消**をし、登記記録を閉鎖する（不動産登記記録例180）。その登記原因日付は、まず原因は**不存在**である。そして、日付は記さない。初めから存在しないものであるから、日付を記しようがない。日付は、一般に登記することになってはいるが、登記事項の性質上記さない扱いとされることがある。権利に関する登記の話になるが、法律行為により設定されることなどがない所有権の成立は、特定の時機的契機をもたないから、所有権の保存の登記も、原則として登記原因やその日付は記さない（不動産登記令3条6号括弧書）。登記には、ときにこういうことがある。

＊　　＊　　＊

「おかげさまで、法務局と相談し、あの登記は消すことができました。これも弾みにして、会社の再建を町のためにも進めなければならない、と感じます。」

銀行の担当者が引き取って「私どもも、精一杯の支援をします。それにしても、現場を見ると、納屋という表現が消えていくことが寂しい、とおっしゃる先生に同感です。」

「倉庫って、必ず施錠している印象を伴うけれど、納屋はそうではないでしょ。あと納屋は、避難などしていなくても、人が日々出入りするという感覚があるけれど、それは物置とはちがうわ。」

「なるほど、先生の御話は、論理的であって、しかも文学的ですね。」

第9話　益城町に涙する　　45

「あら、権限として文学者でありうるのは、私ではないわ。法令に列挙されたものにズバリ当てはまらないものは『準じて定める』ことができる裁量を不動産登記規則 113 条 1 項で与えられている登記官こそ、和語のセンスを問われる、その意味で詩人なのかもしれないわよ。」

〔**参考**〕座談会「東日本大震災と土地家屋調査士実務をめぐる法的諸問題」登記情報 52 巻 2 号（通巻 603 号、2012 年）。

第10話

息づく地殻

　地殻変動は、地球上いたるところで起きている。しかし、これと正面から向き合わなければならない国が、どうやら日本であるらしい。1995年、2011年、そして2016年と、それぞれ様相が異なるものの、おおづかみに述べて、地殻は、数十センチメートルから数メートルの移動を来たした。いうまでもなく、阪神・淡路大震災、東日本大震災、そして熊本地震である。被災した企業と、そこに融資をした銀行の担当者らが畑中弁護士に相談した 第9話 の乙土地の問題は、これに関わる。

*　　　*　　　*

　「心配しているあと一つが当社の所有する乙土地です。地面が動いて、お隣の土地との間のブロック塀が途中で少しズレてしまっています。当面は、みっともないというだけで不便はありませんが……」

　同社に融資をしている銀行の担当者が話を継いで「わずか十センチほどのことですから、どうっていうことはありませんが、うるさく言えば土地の境界がどうなるか、乙土地を抵当に取っている当行としては、土地の担保価値にも関わりますから、気になります。」

　「地面が動く、とおっしゃいましたけれども、正確には、動いたのは**地殻**です。地震により地殻が動いたことに伴い、地殻の上皮をなす**地表面**は、天上から私たちを見下ろしている静止衛星との関係では動いたことになります。地表面で認識される隣接の二つの土地も、したがって静止衛星との関係では動いたものとして認識されますが、地殻との関係においては、ちょうどその上に乗ったまま動くのですから、動いてはいません。」

「動いているから、動いていない、どうもよくわかりませんが……」

*　　　*　　　*

1　地殻変動と筆界の基本的な考え方

　地震による地殻の変動に伴い広い範囲にわたり地表面が移動した場合は、**筆界**も相対的に移動したものとして扱われる（民事局長回答平成7年3月29日民三2589号・先例集追Ⅷ 668頁）。地球規模で位置を見究めるために用いられる世界測地系が筆界に与えていた座標値（不動産登記規則13条2項）は、したがって補正されなければならない。登記先例の年代でわかるとおり、神戸の震災に際し、現場との対話を踏まえ、法務省が悩んで出した見解である。筆界が地殻の移動と共に相対的に移動するから、逆に地表面の上で暮らす人々にとっては、地震の前後を通じ、土地の境は変わらなかった、という生活感覚に恵まれる。それこそが、この考え方が、政策として選択される所以にほかならない。ちょうど、大洋を回遊する「ひょうたん島」だけれど、島の上の人たちの家々の位置関係が変わらないことと同じである。

2　地殻の移動が不整形であるという問題

　もっとも、この考え方が支障なく妥当する場面は、地殻が整然と動く場合に限られる。地殻が捻れるように変動することになると、新しく筆界を見定めなければならず、地積（土地の面積、不動産登記法34条1項4号）も変わる。後発的な変化であるから、前号でみたとおり、更正ではない。地積の変更の登記をする。めったにない登記である。原因は「変更」とする。「平成7年1月17日変更」という登記を見たときの衝撃を畑中弁護士は、今も忘れない。

3　不整形な地殻変動が広範囲に及ぶ場合

　けれど考えてみると、地積が変わる、ということは、ただごとではない。とくに土地が狭くなるといわれた人にとっては、それを認めて当然と説く人との間で紛争が起きたならば、どうするか。それが街区

48　第10話　息づく地殻

の全体に及んでいるような場合において、従来、集団和解方式なる話し合いの場を設けて解決するということが説かれてきた。しかし、法令に明確な根拠があるものではなく、裁判所や行政庁が法定の手続により関与する仕組みになっていない。手続の公正が図られなかったならば、どうするか。むしろ土地区画整理法が定める事業を用い、筆界再形成型の土地区画整理事業を実施して解決すべきであろう。そのノウハウを研究することが、これからの課題である。

④ 不整形な地殻変動が局地的である場合

もっとも、お隣の土地との間に限られるなど、不整形な地殻変動が局部に限られる場合にまで、おおがかりな土地区画整理事業に頼ることは、現実的でない。事案ごとに、現地の生活関係の安定を図るうえで最も合理的であると認められる場所に筆界が見定められる、という考え方を基本指針とし、現地関係者の意見を聴き、また、従前において筆界を無視した現況が形成されていた事情の有無などを調査して、従後の筆界が見定められるべきであろう。

＊　　　＊　　　＊

「ありがとうございます、よくわかりました、と申したいところですが、正直、動くけれど動かない、というお話が、まだよくわかりません。だいいち、ひょうたん島って何ですか。」

「あら、人形劇の『ひょっこりひょうたん島』を皆さんの世代はご存知ないのだわ。私、老いたものね。例を変えましょう。飛行機で東京からハワイに行く場面を想像してみませんか。あなたも、となりのシートの人もみんな、ハワイに向けて移動しているでしょ。でも、あなたと隣の人の位置や距離は変わるかしら。」

「もちろん、ハワイに着くまで同じです。」

「でしょ。それは、二人の乗客が対地では動いているけれど、機体との関係では動いていないからよ。」

「あっ、なるほど。」

行員が話を継いで「よくわかりましたけれど、結局、乙土地の筆界は、どうなるのでしょうか。」

　「まず地元の**土地家屋調査士**の先生に相談なさったら、いかがでしょうか。■のような考え方に即して関係者の意見を聴き、適切に新しい筆界を見定めてくれるかもしれません。そのうえで必要な登記もしてくれることでしょう。もしそれで紛争が解決しない場合は、訴訟にするほかありません。そこからは、弁護士の仕事になります。もっとも、もう私は発たなければなりませんけど。」

　タクシーの運転手が横合いから「お話しのところ、恐れ入ります。このまま空港へ行くことでよろしいでしょうか。」畑中弁護士が頷くのを受け、車は益城町を後にする。

　彼女の知人の弁護士が育休に入ることから、幾人かで手分けをし、その弁護士が携わってきた業務を交代で見ることにした。この応援で畑中弁護士は、熊本に滞在したものである。引き継いだ残務の一つに被災企業の債務整理の支援もあり、これも特例で扱うこととなった。融資をする側とされる側の両方から同時に相談を受けていることから、代理人として利益相反にならないか、案じられた読者もおられたであろうか。この債務整理は、代理人としてするものではない。弁護士会が定めたガイドラインに従い、関係者の意見を調整する業務であり、それらの人々を支援する専門家という位置づけである。また、表示に関する登記をめぐる手続の代理は、登記官の処分に対する審査請求などは行政訴訟と本質が近しく、弁護士の業務でありうるが、図面の添付を要し、そのための調査測量をしなければならない地積の変更の登記などは、土地家屋調査士がする。と、ここまで注釈。注釈を添えているうちに、ゆっくりと機は駐機場を離れ滑走路に向かい、やがて梅雨とは思えない豪雨を衝き、爆音と共に飛び上がる。眼下に小さくなってゆく益城町。その復興を祈る。

〔**参考**〕松岡直武「地震による境界線の混乱と調整」日本土地法学会編『震

災と都市計画・定期借家権〔土地問題双書33〕』（有斐閣、1998年）。濱田
絵美「熊本地震と法律学の役割——自然災害時の二重ローン問題について」
法学セミナー62巻8号（通巻751号、2017年）が、債務整理のガイドライ
ンの概要を紹介し、その課題を考察する。

第11話

憎むべき暴力

「このカスターマンという人の絵本、すてきだわ。添えられている文章もいいし。」

「詩織さんは、今度、独立して、そういう児童向けの絵本を作る仕事を始めようとしているんだ。」

「そう、いろいろあって大変だったけれど、心機一転のお仕事が成功するといいわね。」

「うん、だけど、登記のことで少し困っていることがあって。相談に乗ってくれないかな。」

　土地や建物の登記手続が円滑に進まない特殊な事件の相談を受けてくれる、という評判が立ち、人々がSWATというニックネームでよぶようになった畑中悦子弁護士であるが、もちろん一般の民事事件も扱う。詩織さんは、同弁護士の令息である健太氏の知人であり、夫の暴力で本当に辛い思いをしてきた。同弁護士が関与して離婚の手続を進め、さきごろ家庭裁判所での手続が終わったばかり。健太は、詩織さんの再出発を応援するため、さらなる相談を母にもちかけた。

* 　 * 　 *

「まず、新しく立ち上げる出版社の事務所にするため、甲建物を買うことになった。そこに詩織さんが住むわけではなく、アパートを見つけたから、そこを借りて当座は住むことになる。その場所そのものは、容易には探索することができないから、追いかけてくることはないだろうし。」

「そうね、あの元夫は、かなり執念深いところがあるから、きちん

と秘密保持をしないとね。」

「だけど、法律上、登記をすると、登記名義人の住所が登記簿に載るでしょ。それは、だれでも法務局に請求すれば入手可能な情報でもある。それで住所を知ったあのDV男が、詩織さんのアパートにやってこないとも限らない。で、相談だけど、詩織さんの住民票を一度、この事務所に移すということができないかな。ずっと、ではなく、その状態で甲建物の登記をし、済んだら本当の住所に住民票を移せばいいだろ。これ、うるさく言うと、法律違反かもしれないけれど。」

「うるさく言わなくても、法律違反よ。弁護士が住民基本台帳を汚すお手伝いはできないわ。」

「やはりダメか。じゃあ、どうすればいいの。本当に困ってるんだよ。」

　　　　　＊　　　＊　　　＊

1　登記名義人の住所の扱いに関する原則

　売買による所有権の移転の登記は、登記義務者である売主と、登記権利者である買主が共同で申請する。申請情報には、まず、売主の住所が記録される（不動産登記令3条1号）。これが登記上の登記名義人（売主）の**住所**と一致しないと、登記申請は却下される（不動産登記法25条7号）。だから、転居をしていた売主は、あらかじめ登記名義人の住所の変更の登記（同法64条）をしておかなければならない。

　登記がされると、買主が登記名義人となり、その住所が登記簿に記録される（不動産登記法59条4号）。これは、所有権の登記の申請に際し提供される公務員作成情報に基づいてされる（不動産登記令別表30の項添付情報欄ロ）。ここにいう公務員作成情報は、登記名義人が個人である場合は、ふつう、住民基本台帳として作成され、世帯ごとに編成される**住民票**である（住民基本台帳法6条）。住民票には、住所が記載され（同法7条7号）、住所とされるものは、基本的には**生活の本拠**でなければならない（民法22条）。

　登記されている事項は、何人も、登記事項証明書の交付を請求して、これを知ることができる（不動産登記法119条）。くわえて、登記申請

第11話　憎むべき暴力　　53

に際し提供された申請情報や添付情報で登記所が保存しているものは、何人も、利害関係を有する部分に限り、閲覧を請求することができる（同法 121 条 2 項）。

❷　配偶者から暴力を受けた者が登記義務者となる場合

Ａが、25 番の土地を所有し、その所有権の登記名義人として登記されている、としよう。同居している配偶者のＢから暴力を受け、それが原因で離婚して転居することになった機会に、25 番の土地を手放すこととし、半面において 26 番の土地を取得することになった、という仮定の例を考えることにする。

まず、25 番の土地を売るＡが、**配偶者から暴力を受けた者**で住民基本台帳事務処理要領が定める**支援措置**を受けており、住民票上の住所を秘匿する必要がある場合においては、特例として、住所の変更の登記を経ることを要しない（民事局第二課長通知平成 25 年 12 月 12 日民二 809 号・民事月報 69 巻 2 号 120 頁）。

❸　配偶者から暴力を受けた者が登記名義人となる場合

26 番の土地について所有権の登記をして登記名義人になるＡは、登記上、その住所として前住所、つまりＢと共に住んでいた住所を記録することを求める申請が一定の要件のもとで許される。配偶者から暴力を受けた者で住民基本台帳事務処理要領が定める支援措置を受けているものが、住民票上の住所を秘匿する必要がある場合において、前住所が生活の本拠であることを登記官に対し陳述する情報が提供されるときには、疑念を挟む特段の事情がない限り、申請情報に記される前住所等を登記権利者の住所として扱う（民事局第二課長通知平成 27 年 3 月 31 日民二 196 号・登記情報 647 号 99 頁）。ストーカー行為の相手方および虐待を受けた児童も、同様である。

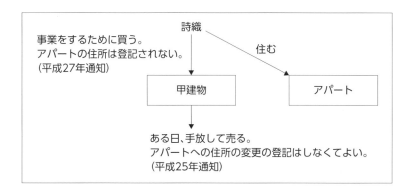

4 登記簿の附属書類の閲覧制限

 もっとも、Aの住民票は、それに記された住所がそのまま登記上記録されることがないとはいえ、登記官の審査を受けるため、申請に添付して提供しなければならないことは、変わりがない。住民票は、依然として添付情報の一つであり、それが**登記簿の附属書類**として登記所に保存され、不動産登記法 121 条 2 項に基づく請求があると無造作に一般の閲覧に供されるということは困る。そのほか、Aの住所を窺知させる申請情報や添付情報にも、この危惧はすべて当てはまる。そこで、配偶者から暴力を受けて支援措置を受けている者の住所に係る情報は、附属書類の閲覧を制限する措置が講じられる（民事局第二課長回答平成 27 年 3 月 31 日民二 198 号・登記情報 647 号 97 頁）。

*　　*　　*

「そうすると、甲建物の登記名義人に詩織さんがなったとしても、**3**のとおり、その現在の住民票上の住所が登記簿で露わになることはない、とする途があるということで、それはわかるけれど、なにかスッキリしないのは、彼女の今の住所が、あの殴り続けることをした男と暮らした住所であるとされ、のみならず、そこが住所であるという上申書を彼女に書かせる、からかな。だって、詩織さんが、あの思い出したくない場所に戻ることは絶対にありえないことでしょ。」
 「もちろん、前の住所に帰るべきだ、などとは言っていないわ。前

住所しか登記簿に載っていなければ、元夫としては、すくなくとも登記から詩織さんを探す途が塞がれるわけでしょ。」

「わかるけど、詩織さんの生活実感からはかけ離れる気がするということ。」

「知られたら困る、ということは、今のアパートは、安んじて暮らす場所ではないということでしょ。それを民法のいう生活の本拠とみることのほうが、おかしいわよ。実際は詩織さんが前住所を出てきたのだけれど、本当は、元夫のほうこそ、暴力を止めるか、そうでないなら出ていくべきだったはずよ。だから、詩織さんは、次に安んじて暮らす場所が定まるまで、前住所から避難しているにすぎない。この説明のほうが、実際の良い結果が得られるのみならず、きっと彼女のための名誉ある論理構成でもあるにちがいないわ。」

〔**参考**〕太田道寛・民事月報 70 巻 9 号（2015 年）7 頁。葛西リサ『母子世帯の居住貧困』（2017 年）71 頁以下が、配偶者からの暴力を受けた者の居住の実態を紹介し、その課題を整理する。

第12話

正しくない子などいない

　配偶者から暴力をふるわれ離婚した詩織さんの再出発を応援する健太は、彼女が取得することになる二つの不動産について、母である畑中悦子弁護士に相談をした。二つの不動産のうち、 第11話 で登場した甲建物は、平成27年に出た登記先例に準拠して手続を進めることにより、詩織さんが安心して登記をすることに見通しが得られた。 第12話 は、残ったほうの乙土地を話題としよう。乙土地は、現在、詩織さんのお父さんを所有権の登記名義人とする登記がされている。このお父さんという人は、妻には先立たれたが、妻との間に男の子が一人おり、また、婚姻をすることがなかった詩織さんのお母さんとの間に詩織さんをもうけた。先年、お父さんは病没し、相続人は、詩織さんと妻との間の上記の男の子、名を孝雄さんというが、その二人のみである。お父さんは、遺言をしていない。さて、乙土地を相続により取得するのは、詩織さんと孝雄さんのいずれであるか。

＊　　　＊　　　＊

　「いずれであるか、と尋ねられても、相続人の間の遺産分割で別なことが決まるのでない限り、法定相続になるから、二人が所有者になるわ。共有ということよ。」

　「そういうことだとは考えていたけれど、そうなると共有の持分は、どうなるか、だよね。詩織さんは、婚姻の外でできた子だから、こういうの、非嫡出子ということになるんだろ。」

　「非嫡出子なんて、いやな言葉よね。知ってほしいのだけれど、まず、民法の法文には、非嫡出子という言葉はないわ。正しくは、嫡出

でない子。そして、その表現も実は問題があって、嫡出は、ヨーロッパの言葉に訳すと、正しい（légitime）という意味よ。つまり、嫡出でない子とは、直訳すれば、正しくない子となるのよ。そんなの、おかしいわ。」

「そのへんの難しいことも、なんとなくわかるけれど、いま大事なことは、事業を始めようとする詩織さんが、資金が少しでも手許にあったほうがよいということで、乙土地も、できれば半分ずつ相続させてあげたいと考えて、すこし勉強したんだ。でも、非嫡出子、いや嫡出でない子の相続の割合を等しくしなければならないと最高裁が述べたのが平成25年9月4日で、たしかその後に法律も改正されたけれど、いずれにせよ平成24年より前のことなら、もうどうしようもない気がして。」

「詩織さんのお父さんがなくなったのは？」

「平成23年、だからダメなんだろ。なんだか悔しい気がする。」

「いいえ、そんなに諦めたものではないわ。」

＊　　　＊　　　＊

1　嫡出でない子の概念

夫婦の間に生まれた子が、嫡出子であるとされる（民法772条参照）。また、養子は、縁組の日に養親の嫡出子である身分を取得する（同法809条）。これらに当たらない子が、**嫡出でない子**である。嫡出子は、原則として父母の**氏**を称し、また、嫡出でない子は、母の氏を称する（同法790条）。子が嫡出であるかどうか、という問題は、かつて、さらに別の法的効果と結びつけられていた。嫡出でない子の**法定相続分**は、嫡出子の半分とすると定めていたものが、民法の旧規定900条4号ただし書である。

2　平成25年の最高裁判所大法廷判決

この民法の旧規定が、憲法14条が定める**法の下の平等**に反し、無効であることを判示したものが、平成25年の最高裁判所判決である

58　第12話　正しくない子などいない

（最大決平成 25・9・4 民集 67 巻 6 号 1320 頁）。と同時に、この判決は、その判示する法理の実際適用上きわめて重要である二つの判示を含む。第一は、この民法の規定が「遅くとも平成 13 年 7 月当時において、憲法 14 条 1 項に違反していた」としたことであり、第二は、この「違憲判断は……本件規定〔上記旧規定〕を前提としてされた遺産の分割の審判その他の裁判、遺産の分割の協議その他の合意等により確定的なものとなった法律関係に影響を及ぼすものではない」としたことである。

❸　平成 25 年法律第 94 号とその施行

　嫡出でない子の法定相続分を嫡出子のそれの半分としていた民法の旧規定 900 条 4 号ただし書の規律は、平成 25 年法律第 94 号により廃された。同法の附則 2 項に基づき、この廃する改正は、平成 25 年 9 月 5 日以後に開始する相続に適用される。したがって、法定相続分に半分の落差を設けることを前提として持分を計算した相続の登記の申請は、同日以後に開始した相続に係るものである場合において、却下される。また、同じ場合において、やはり半分の落差を設ける前提で持分を計算した相続の登記が既にされているときに、その登記は錯誤による無効なものであり、子らの法定相続分を均等にする前提で計算する持分に是正するよう、更正の登記をすることができる。

❹　平成 13 年 7 月 1 日以後で平成 25 年 9 月 4 日以前に開始した相続の場合

　平成 25 年法律第 94 号が施行される前に相続が開始した場合の登記上の扱いは、同年、法務省民事局長の通達が発出された（民事局長通達平成 25 年 12 月 11 日民二 781 号・登記情報 54 巻 1 号〔通巻 626 号〕）。それによると、平成 13 年 7 月 1 日以後で平成 25 年 9 月 4 日以前に開始した相続に基づき法定相続分によりされる権利取得の登記の申請であって、通達が発出された同年 12 月 11 日当時、未だ申請に基づく登

記がされておらず、また却下もされていないものは、嫡出でない子の相続分は嫡出子の相続分と等しいとする前提で申請の審査がされる。

やや難しい問題を提供する場面は、既にされた権利取得の登記に係る更正の登記の申請がされてくる場合である。その場合は、個別の事例に即して、前述**2**の判例にいう「確定的なものとなった法律関係」に当たるかどうか、が実質的に判断される。

5 平成13年6月30日以前に開始した相続の場合

判例上、これも**2**で紹介したとおり、民法旧規定900条4号ただし書が違憲であるとされる時期は、「遅くとも平成13年7月当時において」であり、平成13年6月30日以前に開始した相続の効力は、判断されていない（齊藤愛「初の女性最高裁判事──高橋久子」渡辺康行＝木下智史＝尾形健〔編〕『憲法学からみた最高裁判所裁判官』〔2017年〕277頁注24も参照）。そこにも違憲判断が及ぶべき場合があると考える当事者は、その主張をするため、実際上訴訟を提起することであろう。その成果として違憲とされる場合があるという新しい判例が形成されるならば、それに即して上述**4**と同様の扱いがされる場合が生ずることとなる。反対に基本は憲法違反の問題が生じない時期であるということになると、既に相続分の落差を前提としてされた登記を更正することは不許とせざるをえない。

＊　　　＊　　　＊

「詩織さんのお父さんの場合は、相続登記も遺産分割もまだのようだから、彼女に半分が与えられる期待がありそうだけれど、よくわからなかったのは、すでに何かの登記がされている場合の更正の可否のところだな。」

「そこは、微妙よ。**4**にあるとおり、個別に判断をしなければならないし、よく法務局とも相談しなければならないでしょうね。」

「あと、大きなサイズの話をすると、法定相続分の分け隔てが消え、おもな効果が氏などに限られるというのだったら、嫡出かそうでない

か、という区別自体を止めたら、どうなの。」

「そのとおりよ。そちらに方向として進めていくことができるか、私たちの社会が問われているわ。」

〔**参考**〕今井康彰「民法の一部を改正する法律の概要」登記情報54巻3号（通巻628号、2014年）7頁。

第13話

忘れられた仮登記

　「少し酔ったみたい」、「もう少しいきましょう」、あまり今では見かけなくなった一升瓶から注がれる地酒の舞神楽に頰を紅くした畑中悦子弁護士を囲み、この地の役場の人たちは、今日は、やけに機嫌が良い。

　畑中弁護士は、この日、朝、新幹線で東京を発ち、降車駅でバスを乗り継ぎ、昼頃、東北の沿岸にある当地に着いた。午後いっぱい、用地取得担当の職員と論じ合ったのは、いずれも難件の36番、37番、147番、そして148番の土地。それらの目途が得られたものの、今日は、もうバスがない。今宵は、ここに一泊である。まずは前二者の土地の話をおさらいしよう。

　　　　　　＊　　　＊　　　＊

　「今日は、遠路、ありがとうございます。早速、36番からご説明します。これは、もと権左衛門さんが所有していた畑です。昭和57年、権左衛門→与五郎の条件付所有権移転の**仮登記**がされましたが、それとは別に昭和61年、権左衛門→勘吉の売買による所有権の移転の登記、これは本登記ですが、それがされました。しかし現況は、これまでずっと勘吉さんの御一家が耕しています。市としては、勘吉さんから買い受け、災害復興住宅を建設しようと考え、農業委員会との調整も済んでいます。が、仮登記が邪魔です。」

　「権左衛門さんは？」

　「おなくなりになったようですが、正直、相続人の全員を把握することが面倒です。」

「なるほど。その隣の37番の土地も、住宅用地ですか？」

「その計画です。こちらは、昭和44年、権左衛門→助六の条件付所有権移転の仮登記がされ、実際、今は助六さんの相続人が耕しています。が、これとは別に昭和62年、権左衛門→太郎兵衛の売買による所有権の移転の登記がされています。助六さんの後継ぎの方は買収に応ずる意向ですが、仮登記のままでは移転の登記ができません。」

＊　　　＊　　　＊

1 なぜ人は

なぜ人は、仮登記をするか。よく学校の授業で挙げる例を示すと、代金を全額支払ったならば買主へ所有権を移転するという約定がある売買において、代金を半分しか払っていない買主は、所有権の登記（本登記）を求めることができない。けれど、仮登記はできる。順位が保全され（不動産登記法106条）、売主が他へ二重に売って当方が権利を失うという危険は、心配しなくてよい。

とはいえ、これは、教壇設例である。いつも売買で仮登記という面倒な手順がされるものではない。むしろ実際に登記をみると、めだつものは、農地の売買に絡む。田や畑は、たとえ当事者が売買契約をしても、行政庁の許可がない限り所有権移転そのものが効力を生じない（農地法3条・5条）。

仮登記が用いられる場合は、不動産登記法105条の1号が定める場合、それに同条2号が定める場合などである。それぞれ **1号仮登記**、**2号仮登記**というニックネームで実務上よばれる。1号仮登記は、物権変動などの権利変動が既に生じているものの、登記申請に要る添付情報が調っていない場合の当座の策として行なわれる。農地法の関係でされるものは、そちらではない。2号仮登記であり、権利変動そのものが停止条件が附されているなどして、いまだ生じていない（不動産登記記録例571）。

仮登記は、用いてよい手続ではあるが、後始末が要る。後始末は、ブレーキか、またはアクセルである。

第13話　忘れられた仮登記　63

② ブレーキを踏むと→仮登記の抹消

36番の土地は、仮登記を抹消して登記上の負担を除いたうえで、勘吉→市の売買による所有権の移転の登記をする。これで買収は完了。どのようにして、抹消するか。登記義務者と登記権利者の共同で申請する。登記義務者は、登記上不利益な変動が生ずる与五郎である。登記権利者は、まず権左衛門が考えられる。与五郎との売買を解除する折衝を経て、これを原因として抹消を申請することが、理屈に適う。が、現実には、考えにくい。権左衛門の相続人を探し出し、その人たちとの折衝をするなど、復興に携わる市の担当者を煩わせることではない。

あと、考えられることは、勘吉に登記権利者になってもらう。平成14年は経過しているし、自分の物でも時効取得することができるから、勘吉は、所有権の取得時効（民法162条1項）を援用し、仮登記の負担のないものとして原始取得した所有権に基づく妨害排除請求権に基づき、与五郎（またはその利益を代表する不在者財産管理人、現場ではフザイカンとよぶ）を相手に仮登記抹消請求の訴えを起こせばよい。

③ アクセルをかけると→仮登記に基づく本登記

37番の土地は、仮登記まで行っていて話し合いが順調に進んでいるから、仮登記を本登記に高め、そのうえで、助六の相続人→市の売買を原因とする所有権の移転の登記をすればよい。この、高める登記は、**仮登記に基づく本登記**といい、それを申請するには、**登記上の利害関係を有する第三者**の承諾を得なければならず（不動産登記法109条1項）、その承諾を証する情報を添付情報として提供しなければならない（不動産登記令別表69の項添付情報欄イ）。この場合において、登記上の利害関係を有する第三者は、太郎兵衛にほかならない。最も困ったこととして想像しておかなければならないことは、権左衛門も太郎兵衛も、その消息や相続人の探索に支障があるという事態である。

64　　第13話　忘れられた仮登記

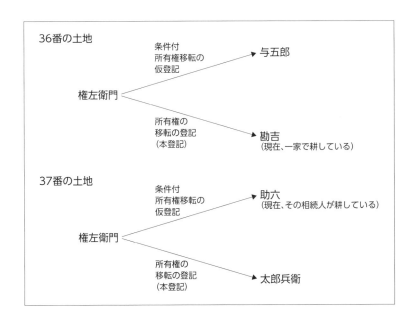

　面倒でも仕方がないから、権左衛門の相続人またはフザイカンを相手に本登記手続請求の、また、太郎兵衛の関係でも同様に相手を見定めて本登記承諾請求の訴えを起こして勝訴し登記申請をすることが考えられる。そこまでいけば安心。登記官が職権で太郎兵衛の登記を抹消してくれる（不動産登記法109条2項）。

＊　　＊　　＊

　「本当に、今日は、ありがとうございました。36番のほうは、邪魔な仮登記を消さなければならないし、反対に37番は、仮登記を活かして用地取得の手続を進めなければならないということで、なんだか頭の中がグルグルわからなくなっていましたが、先生にスッキリ説明していただきました。仮登記って本当に面倒ですね。」
　「仮登記それ自体に罪はないわ。罪があるとすれば、仮登記を忘れてしまった人たちかしら。農地法の許可が下りなくて仮登記を放っておいても、だれかに叱られるわけではないから。36番は、仮登記をそのままにして、本当に耕してくれる人に許可を得て本登記をしたと

いうことですし、37番は、仮登記のままでも事実上引渡しをして耕すことができることから、もう所有権を得たという気分でいたのかもしれないわね。いずれにしても、面倒なのは、放っておいて時日を経ると、関係者が世を去り、相続人は、仮に判明したとしても仮登記の当事者であることの自覚が乏しく、折衝が滑らかにいかないことが多いわ。」

「でも、先生のおかげで、住宅を建てる見通しができました。これで仮設からの移転が進みます。」

「感じ方によっては北海道より寒いのが東北の冬。早く仮設を仕舞わなければね。気になったのは、むしろ147番と148番のほうよ。」

「あそこには防潮堤を作るつもりですが、なにか問題でも……」

〔参考〕大場浩之『不動産公示制度論』（成文堂、2010年）449〜451頁。

> ## 第14話
> # 買戻しの登記その顛末

　東北の被災地を訪ね、午後に役場でディスカッションをした畑中弁護士は、職員らとの懇親の席に向かう途中の寸暇を用い、沿岸に案内され、復興の状況を見た。

　「やや現場では筆界が定かでありませんが、だいたいここが、ご相談した147番と148番の土地です。お話ししたように登記の問題があって防潮堤が途切れていますが、ほら、あちらから見えるでしょう、すでに相当に建設が進んでいます。」

　「あんなに高いのですか。」

　「14.5メートルあります。現場の状況から例外もありますが、これが標準です。すこし後ろのほうの、あの高台をごらんいただけますか。あの高台に建てた災害復興住宅からも、海は見えません。それだけ、この防潮堤が高いということであり、つまり、高台の標高に達する津波が来ても耐えられるということです。」

　その防潮堤を築こうとする土地をめぐっては、登記上、厄介な問題があり、さきほど役場で、相談をしたばかりである。

＊　　　＊　　　＊

　「先生、**買戻しの登記**ってありますよね。よくわからなかったので本を買ってきて勉強しましたが、それを読んでも、よくわかりません。」

　「大学の先生が書く本には、お金を貸したときの担保として用いられる、そのための登記であると書かれてあることが多いけれど、そればかりではないわ。公有地を売却処分したりするとき、公益に反する

第14話　買戻しの登記その顛末　　67

使われ方をすると困るので、条件を定め、違反があったときは買い戻すという登記をして、目的を担保することに用いられる例も多いのよ。」

「それで合点がいきました。退職した先輩に尋ねたら、浜辺の市有地を払い下げる際に、向こう 10 年間は、市の漁業振興のために用いることを基本として詳しい要領を定め、売却したそうです。実際、平成 22 年に 147 番の土地を買ってもらった船岡水産は、漁具を一時保管する場所として使ってもらっていますから、問題はありませんが、このたび、防潮堤の用地にすることを諒承してくれました。そこで、買戻しの登記は、抹消したいと考えています。」

「それは、簡単なことでしょう。」

「ありがとうございます。しかし、その隣の 148 番の土地は、困りものです。若者のマリン・リゾートの施設の用地にされてしまっていて、実際にも、夏になると、そこで若い男女が夜遅くまで騒いでいて、苦情も来ています。やはり平成 22 年に、148 番の土地を買ったのは浮世興業という東京の会社でして、今までも市からは注意喚起をしてきたのですが、これはもう漁業振興とは無関係な使用をしている条件違反ですから、この際、市が買戻しを実行し、そのうえで防潮堤の用地にしようと考えています。」

＊　　　＊　　　＊

1 買戻しの登記って聞いたことないけど

民法には**買戻し**の規定があり（民法 579 条）、不動産登記法には、買戻しの登記の規定がある（不動産登記法 96 条）。学校で習うときに、買戻しとは、融資を受ける者が融資者に所有権を移転する旨の登記をし、融資を返済することができた際は、買戻しを実行して売主（実質的には金銭の借主）が不動産を回復する、という担保目的で用いられる、と説かれる。譲渡担保の実務が発展し、定着した今日、あまり用いられていない、とも述べられる。もちろん、そういうこともあるであろうが、担保目的でない買戻しも多い。地方公共団体や都市再生機

構などが不動産を売却処分する際、政策目的に反する不動産の使用をされては困る、という観点から、違反した場合は買い戻すという約束がされ、その旨の登記がされる。

買戻しの登記は、売買による所有権の移転の登記と同時にしなければならず（民法581条1項、大決大正7年4月30日民録24輯570頁、民事局長回答昭和42年6月7日民甲1752号・先例集Ⅳ1085頁）、その申請を受け買戻しの登記がされる場合は、所有権の移転の登記の付記登記としてされる（不動産登記規則3条9号）。登記事項は、売買の当事者が支払った代金（または当事者が合意により定めた金額）および契約の費用が必要的登記事項であり、また、買戻しの期間が任意的登記事項である（不動産登記法96条）。

ここでエピソードを一つ。かつて政府が民法のかなりの部分を見直す草案を公表した際、その影響の大きさから、いろいろな人々がそれを真剣に読んだ。しかし、買戻しの規定の見直しの部分に僅かの誤植があることには、誰も気づかなかった。ある人々を除いては。ある人々とは、司法書士会である。ほぼ誰も気づかないくらい買戻しは、忘れられていた。しかし、実際に用いられていることは、実務をしていればこそ、司法書士は知っている。「これに気づくのは、いかにも私たちのみでしょうね」と司法書士は、苦笑した。もちろん誤植は正され、今、正しい書きぶりでウェブサイトにも掲げられている。

❷　買戻しの登記の抹消

買戻しの登記そのものは、登記権利者と登記義務者とが共同で申請する。それらが誰であるかは、売買と反対であると考えればよい。つまり、売主が登記権利者であり、買主が登記義務者である。その買戻しの登記の抹消は、登記権利者と登記義務者とが、あと一度、ひっくり返り、売主が登記義務者であり、買主が登記権利者である。147番の土地は、市と船岡水産とが、買戻しの特約を合意解除したことを原因として、これらの者らの共同で申請する。

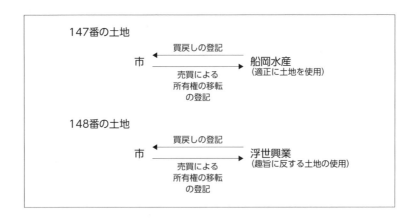

3 買戻しの実行とその登記

　148番の土地は、市が買戻しを実行することになる。市から浮世興業に対し、買戻しを実行する旨の意思表示をする。これにより土地が浮世興業から市へ復帰する物権変動が生じ、これを公示するには、浮世興業→市の所有権の移転の登記をする。登記原因は、「買戻［し］」である（不動産登記記録例515）。この登記は、市と浮世興業が共同で申請する。もし浮世興業がこれに協力しなければ、所有権の移転の登記の手続を訴求して、浮世興業を訴えることになる。

　こうして、買戻しを原因とする所有権の移転の登記が申請される。浮世興業への所有権の移転の登記には買戻しの付記登記がされているが、それを気にする必要はない。登記官が、浮世興業→市の所有権の移転の登記を実行する際、買戻しの登記を職権で抹消してくれる（不動産登記規則174条）。

　　　　　　　　＊　　　＊　　　＊

　「さあ、もう一杯、いいじゃないですか。おかげさまで、買戻しの登記の難題のほうも、見通しが得られました。先生は、147番と148番の土地が何か問題であると前号で仰せですが、どんなことでしょうか。」

　「被災地は、ここだけでなく、いくつか訪ねましたけれど、みんな、

あの 14.5 メートルの防潮堤が作られていて、岩手から福島まで、あ
あするつもりなのですね。」

「他の県のことは知りませんが、それが標準であると思います。」

「それでいいのかしら。被災地の風景は、ブルドーザーと建設作業
員の人たちばかり。暮している人たちの姿が見えないわ。避難した人
たちが戻ってこないのは、豊かな海を望む故郷を失ったから、ではな
いの。」

「しかし、津波から街を守るのには、高い防潮堤が要るのではあり
ませんか。」

「それは、わかるけれど。あっ、ごめんなさい、皆さんに質すこと
ではないわね。どのように復興の資金を用いることがよいか、もっと
私も考えてみるし、弁護士会でも問題提起をしてゆきます。そんなこ
とを考えることができて、この街に来て、よかったわ。」

翌朝、その街を発つバスは、悦子を乗せ、山また山が続く三桁国道
で速度を上げる。あるべき復興とは、何か。それは、難しい。

第 15 話
所有者が不明というけれど

「それは、官有地であるかもしれないし、そうでないかもしれないわ。」

この日、畑中悦子弁護士を訪れたのは、甲信越の山に囲まれた土地を耕す農家の文左衛門さんである。登記とか法律とか難しい話になることが心配なのであろうか、地元の農協の法務担当者に同伴してもらっての来訪である。

文左衛門さんが耕す畑は、1番の土地である。東西の二つの土地に挟まれていて、東隣は山林になっている。西隣は、登記を見ると2番の土地として登記され、歳三という人が登記名義人であるが、急勾配の、いかにも使い手に乏しい土地である。文左衛門が所有する畑には、これら東西の土地から夜になると小動物が侵入し、作物を食い荒らす。それを防ぐフェンスを築く話をもちかけたのであるが、東西いずれも、うまくゆかない。

「あら、ごめんなさいね、官有地などと難しい言葉を遣ってしまって。国が所有する土地が官有地。地方公共団体の土地は公有地。もっとも、ときに異なる用例もあるから、一概には言えませんけど。東側は山林で登記がされておらず、したがって地番もないということですから、国有林かもしれないと、まず考えました。」

「しかし、ですよ」と、農協の職員が雄弁に応える。「最近は見かけませんが、かつては所有者らしき民間人が出入りしていた形跡がありましたし、だいいち、国有林だったら国にきちんと台帳があるのではありませんか。」

今度は文左衛門が恐る恐る、「あのう、とにかくフェンスを作りたいのですが……。」

ふたたび農協のお兄さんが、「申し添えますと、フェンスを作ろうにも境界がはっきりしません。そこから始めようと考えます。」

「はいはい、だいたい理解しました」と応え、畑中弁護士は、大要、つぎの話をした。

＊　　　＊　　　＊

1 所有者が不明な土地

本書で取り上げているような諸事態への施策を検討するため、国土交通省には、「所有者の所在の把握が難しい土地への対応方策に関する検討会」が設けられた。名称が長くて、くどいと評する人がいる。「所有者が不明な土地」でよいものではないか、という意見も聞く。が、たとえば「徳川家康」が所有権の登記名義人である土地は、所有者が不明か。調べてみると、なるほど家康さんは、なくなっている。そして、その相続人を探しても、見当たらない、としよう（現実には、徳川宗家の後継ぎは、きちんとおられる）。そのときに初めて、所有者が不明ということになる。すくなくとも登記がされている土地は、初めから所有者が不明ということはない。会議の名称には、理由がある。

2 筆界確定訴訟であったならば

けれども、登記が全くされていない土地は、いよいよ本当に所有者が不明である。そんな土地が隣にあったならば、それとの境、つまり筆界を明らかにすることはできないか。できないか、できるか、は手続として何を用いるか、による。お隣の土地の所有者を相手にして、訴訟を起こして筆界を確定する、ということは、一般にはありうる。それを**筆界確定訴訟**とよぶ。しかし、民事訴訟の手続の制約として、被告を不詳として訴えを提起することはできない［☞ 第6話］。

第 15 話　所有者が不明というけれど　　73

❸ 筆界特定の手続の概要

これに対し、法務局・地方法務局の**筆界特定登記官**（不動産登記法125条）がする**筆界特定**の手続は、異なる。筆界特定登記官と共に重要な役割を演ずる者が、**筆界調査委員**である。事件ごとに指定され、対象土地の筆界について筆界特定登記官に意見を述べるものであり、実際上、弁護士や特に土地家屋調査士が任ぜられる。筆界調査委員が**事実の調査**（同法135条以下）をし、申請人や関係人からの意見を聴取する機会が設けられ（同法140条）、やがて筆界調査委員による事実調査が熟したときには、筆界特定登記官が、筆界調査委員の意見を踏まえ筆界を特定する（同法142条・143条、不動産登記規則230条）。特定する、とは、どこが筆界であるかを見定めることである。

❹ 筆界特定──それは訴訟ではない

筆界特定の手続を理解するうえで重要なこととして、原告と被告とが向き合う構造にはなっていない。難しい言葉で表現すると、対審構造を有するものではない。筆界特定は、申請を待って開始される。そこは、訴訟と異ならない。筆界特定の申請をすることができる者は、表題登記がされているが所有権の登記がされていない場合には表題部所有者、所有権の登記がされている場合は所有権の登記名義人である（不動産登記法131条1項）。これらの人々を法文は**所有権登記名義人等**とよぶ（同法123条5号）。**申請人**は、訴訟で言う原告に似ていないこともない。しかし、それと向き合う被告に当たる者は、いない。むろん、お隣の土地の登記名義人がいる場合に同人を無視して手続を進めることはできず、同人は**関係人**とされ、意見聴取を受ける（同法140条）。が、関係人は関係人でしかない。いなくてもよいのである。隣地が登記されていなければ、いないということかもしれない。

❺ 未登記の土地との筆界の特定

筆界を特定することになる二つの土地は、**対象土地**とよばれる（同

74　第15話　所有者が不明というけれど

法123条3号）。その双方が登記されていないということでは、お話にならない。その場合に申請は、却下される（同法123条1号・2号、同法131条2項3号・132条1項3号）。登記がされていなければ、そこに**筆**は存在せず、境である筆界もない。これに対し、いずれかが登記されていれば他方がされていなくても、登記されている土地の**区画**を明らかにして欲しい、という要請は、むべなるものというべきである。

　隣地が登記されていないからといって、困ったと諦める必要はない。その場合は、そのことを申請において明らかにして、筆界特定の申請をすればよい（同法131条2項3号括弧書、不動産登記規則207条2項5号、民事局長通達平成17年12月6日民二2760号・山野目編『不動産登記重要先例集』18番）。

＊　　　＊　　　＊

　話を聴き終わり、徐々に落ち着いてきた文左衛門であるが、なおも心配そうに、「あの、先生の御話で、そのヒッカイトクテイというものを用いると解決する、ということは、わかりましたが、どのくらい期間をみなければいけませんかね。本当に日々、せっかくの畑の作物が食い荒らされることは、もう我慢がなりません。」

　「あら、文左衛門さん、素敵な発音ね。筆界は、ヒッカイでもよくってよ。」

　たまりかねて農協の職員が「先生、そういう話はよいですから、実務的なスピード感をお教えいただけませんか。」

　「はいはい。お二人とも超マジメよね。実務の御苦労はわかるけれど、せっかくなんだから、もう少し不動産登記の話を楽しんでいただいても、悪くないのじゃないかしら。」

　文左衛門が「はあ、そうおっしゃられても……」

　「では、ご案内しましょう。筆界特定は、申請があっても、いつまでに必ず結論を出さなければならない、という法律上の縛りはありません。しかし、標準処理期間というものは定められています。ふつうは6か月から1年。でも、所有者が不明な土地との筆界の特定の場

第15話　所有者が不明というけれど　　75

合は、その不明な土地の所有者と見解が異なって紛争になっているという側面が乏しいですから、きちんと土地家屋調査士の先生が調べているといった、いくつかの要件が備わる場合は、3か月を標準に考えよう、という方向が打ち出されています。」

〔**参考**〕特集「筆界特定制度の現状と筆界確定訴訟」ジュリスト 1372 号（2009 年）、所有者の所在の把握が難しい土地への対応方策に関する検討会の 2016 年 10 月 11 日の議事。

第16話

所有者が不在の土地？

　文左衛門さんの畑の東隣の土地は、登記されていない山林であり、こちらの畑との境すら明らかでないが、第15話の畑中弁護士の説明で、筆界特定の手続を用いることで途が開かれる見通しが得られた。しかし、畑の西側の土地の問題が残っている。そちらは、登記されている所有者らしき者が、いるにはいる。しかし、なにか面倒なことを言い立てていて、厄介な様子である。その西側の土地は、2番で登記されているが。

*　　　*　　　*

　「2番の土地は、歳三さんが登記名義人ですね。なにか問題がありますか。」

　「こちらは境界が比較的はっきりしており、私どもとしては、歳三さんに対し、そちらの利益にもなることですから、境にフェンスを設けることとして、民法225条1項も御説明したうえで、設置の費用を半分をもって欲しい、とお願いしました。」

　「ごもっともなことです。」

　「しかし、すごい剣幕でしたね。『利益になるだと、バカなことを言うな。こんな崖地は物入りになるばかりだ。だから、先日、法務局に行って、この土地は放棄する、と言ってやったんだよ。あちらは何かグズグズ言ってたけれど、埒が得られなければ、裁判にしてやるぜ』とか述べています。先生、土地の所有権って、一方的に放棄することが許されるものですか。」

*　　　*　　　*

第16話　所有者が不在の土地？　　77

■1 所有権の放棄のさまざま

　所有権（民法206条）は、放棄することができるか。と問われても、困るのですね。ひとくちに放棄といっても、いろいろある。まず、放棄される物は、動産と不動産とのいずれであるか。また、放棄の結果として、新しく誰か所有者になる者が定まっている放棄（相対的放棄）であるか、それとも、まったく誰の物でもなくなる放棄（絶対的放棄）であるか。こんなふうに種々あるが、困ったことに、民法には放棄を体系的に語る規定がない。そこで、一つずつ考えてゆくことになる。

　まず、**動産の所有権の相対的放棄**は、考える意義に乏しい。その理論的根拠がない、ということに加え、その帰結は場合によっては、著しく不当である。朝に玄関に出たら、向かいの奥さんが来て、"この生ゴミをおたくに新しく帰属させる趣旨で相対的に放棄するわ"などと述べられても、相手にする必要はない。これに対し、**動産の所有権の絶対的放棄**は、ありうる。それにより所有者がいなくなった動産は、まっさきに拾って占有をした者が所有権を取得する（民法239条1項）。誰も拾わないような物は、安易に放棄されては困るから、取締法規による制裁を受ける可能性がある（使用済自動車の再資源化等に関する法律8条など）。が、それは、民法の問題ではない。

　つぎに、不動産は、どうか。まず、権利といえども意思に反して押し付けられることは相当でないから、相対的放棄は、法律の規定が許す場合（民法287条、「放棄して……移転し」）にのみ可能であると解される。絶対的放棄は、その不動産を国に帰属させる帰結に辿り着く（同法239条2項）から、結局、国への相対的放棄の実質をもつ。

■2 土地の所有権は放棄することができるか

　では、**土地の所有権の絶対的放棄**は、できるか。これが、わからないのですね。あまり論じられてこなかった。なんとなく認めてよいものではないか、というあたりが、学界の雰囲気であろうか。いずれにしても、あまり考え抜かれた見解ではない。やや無責任な学説状況の

もと、裁判所は苦労し、所有権の放棄を主張して国と争う裁判におい
て、下級審裁判例は、土地管理の煩わしさを避ける動機に出た権利の
濫用であるとして、放棄を認めないことが多い（広島高松江支判平成
28・12・21 平成 28 年㈱第 51 号など）。

❸　議論を深めてゆくために

　このように、確立した通説が存在するとは言い難く、最高裁判所の
判例もない。悩ましい問題である。国であっても、その意思に反し所
有権の帰属という権利関係を押し付けられる理由はないであろう。国
というものの後ろには、私たちがいる。放棄がされるのは普通、土地
がベネフィットを産むのでなく、ダメージをもたらす局面である。そ
れを問答無用で公共が強いられることは、正当化し難い。土地基本法
は、土地に関する権利を有する者を含む国民にも、土地についての基
本理念が重く見る公共の福祉を尊重し、国の施策に協力すべき努力義
務を定める（8 条）。随意に放棄することができるのでは、この規定の
趣旨が不明瞭になる。したがって、土地の所有権の放棄は、国との協
議が調う場合に限り許される、という考え方は、ありうる。ついでに
述べると、建物も異ならないであろう。

　民法に眼を転ずると、共有持分の放棄を語る 255 条が、放棄が許さ
れる状況を限るものと理解するならば、一般原則として放棄を否定す
る論拠となる。けれど、放棄が許されるという一般論を想定しつつ、
共有という特殊局面について特例を定めるという理解も成り立たない
ことはない。ウーム、難しいです。

❹　放棄を原因とする所有権の移転の登記

　単独行為として所有権を放棄することができないとするならば、そ
のような放棄を主張する所有権の登記名義人が、国への所有権の移転
の登記をすることは、認められるべきでない（民事局長回答昭和 41 年
8 月 27 日民甲 1953 号・先例集追Ⅳ 832 頁参照）。それを登記名義人が単

独で申請することができないことは、不動産登記法60条に照らし、当然である。また、国との協議が調っていないのに国に対し登記引取請求権を行使して、この移転の登記の手続に協力することを訴求することも、認められず、請求が棄却されることになる。

5 放棄を原因とする所有権の保存の登記の抹消

所有権の移転の登記がされておらず、その保存の登記しかされていない場合において、一般論として、その抹消を登記名義人が単独で申請することができる（不動産登記法77条参照）。しかし、この抹消の申請に際しても登記原因証明情報を提供しなければならず（同法61条）、それにより、許されないはずの放棄が原因であることが明らかになれば、申請は、却下されるべきである（民事局第三課長回答昭和57年5月11日民三3292号・先例集追VI 1173頁）。かりに申請を受理するとしても、多くの場合において登記名義人が依然として所有者であるとする意見を有する登記官は、かつて同登記名義人を表題部所有者として記録していたところを回復することになるから、問題は終息せず、むしろ紛糾を増すばかりである。

　　　　　　　＊　　　　＊　　　　＊

「なるほど、たとえばバブルの時なんか、土地を所有していてサンザンいい思いをしていた人たちが、右肩下がりになってきて面倒になると所有権を放棄するとか言い出すのは、常識で考えても、おかしいですね」と農協のお兄さん、たぶん大学の法学部出、でも未だ世間を知らない。

世間を渡ってきた文左衛門さんが「でも、私なんか、1番のみならず、先代から複数の土地を相続しましたが、おいしいものばかりではありません。ものによっては放棄したいという気持ちは、わかりますね。」

「わかります。ですから、放棄を認めるかどうか、イエスかノーか、という発想がまちがっているのよ。言い換えると、民法の先生方の議

論の対象のみにしたことが、躓きかしら。そういう法解釈学的な議論ばかりではいけないわ。その地域にとって、土地を手放したいという地権者の意見を受け止める枠組みを考えていこう、という議論は、法務省ではなく、国土交通大臣の諮問機関である国土審議会でも始まっているわ。私たちは、この動きも注目していきたいわね。」

〔**参考**〕田處博之「土地所有権は放棄できるか」論究ジュリスト15号（2015年秋号）。

第17話

数次の法定相続

「おかあさま、いつものクッキー、ありがとうございます。これ、とても、おいしいのよね。」「私こそ、志乃さんのシュークルートを御馳走になるの、楽しみだわ。」

シュークルートは、キャベツを細かく切って発酵させ、本場のアルザスで工夫が重ねられてきた味付けをして、じゃがいもや、ソーセージ、ベーコンなどを添える。

もちろんワインが合うが、アルザスは、今日はフランス領で落ち着いたものの、史上ながく仏独を往き来した波瀾の歴史があり、ドイツの流儀であろうか、ビールとあわせても、おいしい。そのあたりがうるさい健太が飲み物の選定、準備をするあいだ、志乃は、知人からされた案件の相談を悦子にもちかけることにした。

畑中悦子弁護士は、厄介な不動産登記の問題を解決してくれる評判から、知られている人々の間では、「SWAT畑中悦子」というニックネームを与えられている。健太は、その子息である。志乃は、健太の婚約者であり、作家修業をしている。

＊　　　＊　　　＊

「お友達のおばさまが梅子さんで、56番の土地を所有しています。梅子さんには、松子さんと竹子さんというお姉さんがいました。松子さんが54番の、竹子さんが55番の土地を所有していましたが、お二人とも少し前になくなりました。まず、54番の土地から、相談をさせてください。松子さんがなくなった平成11年の翌年である12年に、夫の吾郎さんもなくなりました。二人の間には息子の孝蔵さん

がおり、この方は、存命です。」

「松子さんに、ほかに子は?」

「孝蔵さんのみです。」

「吾郎さんは、僅か1年で奥さんの後を追ったということ?」

「ええ、再婚はしていません。なお、吾郎さんにとっても、孝蔵さんが唯一の子です。」

「54番の土地は、現在は、孝蔵さんのものになっているということね。」

「そのように理解していますが。登記は、松子さんが所有権の登記名義人になっているままです。そこで、孝蔵さんの名義にしたいのですが。」

「2度の相続が起こっているわね。」

「登記も二つしなければならない、ということでしょうか。」

　　　　　　　　＊　　＊　　＊

1　概念の準備——相続人・相続分・遺産共有・遺産分割

　相続は、死亡により開始する（民法882条）。死亡した者を**被相続人**とよび、被相続人の財産を承継する者が**相続人**である。相続人は、法律の規定により定まる（同法887条以下）。相続人が複数いる場合もあり、**共同相続**とよぶ。そのときに各相続人がどれくらい相続するか、を示す概念が**相続分**である。相続分は、遺言がなければ、法律の規定により定まり、**法定相続分**とよばれる（同法900条）。法定相続分で相続がされる場合において、被相続人の財産は、相続人らが共有する（同法898条）。この場合の共有を**遺産共有**とよぶ。相続人らの間で遺産分割がされると、この共有は解消し、しかも、その効果は、相続開始時からそのようなものであったとして扱われる（同法909条）。遺産分割がされない限り、松子の死亡に伴い、54番の土地は、吾郎と孝蔵とが共有する。この前提で出発して、そのあと、どのようになるか、

第17話　数次の法定相続　83

場合により異なる。

❷ 遺産分割がされなかった場合

　吾郎と孝蔵との間で遺産分割がされないまま吾郎が死亡すると、吾郎について相続が開始する。相続人が孝蔵のみであるから、ここでは遺産共有は生じない。54 番の土地は、いずれも相続により、松子→吾郎・孝蔵（共有）→孝蔵、と所有権が移転する。2 段の相続が生じ、このような複数次の相続は、数次の相続とよばれる。登記は、物権変動の過程に従ってしなければならないから、まず吾郎と孝蔵の持分をいずれも 2 分の 1 とする共有の登記をし、ついで孝蔵への吾郎の持分の移転の登記をする。どちらも、「相続」が登記原因となる。

❸ 遺産分割がされた場合

　吾郎と孝蔵が遺産分割の協議をした場合は、どのようになるか。

⑴　子に帰属させる旨の遺産分割

　まず、松子の死亡により開始した相続に際し、孝蔵が 54 番の単独の相続人になる遺産分割がされた場合の実体の法律関係は、相続開始の時から、孝蔵が単独の所有者であったと理解される。登記は、この遺産分割の協議がされたことを証する情報を提供し、「相続」を登記原因として、松子→孝蔵、の所有権の移転の登記をする。遺産分割協議を証する情報は、遺産分割協議書などとよばれる証書で当事者が作成したものが考えられる。しかし、これを作成する暇がないまま吾郎が死亡した場合は、吾郎を関与させる証書の作成をすることができない。その場合などは、遺産分割協議が成立した事実を陳述する報告形式の登記原因証明情報を作成し、これを提供して登記申請をすることができる（民事第二課長通知平成 28 年 3 月 2 日民二 154 号・登記情報 56巻 12 号 116 頁）。

⑵　配偶者に帰属させる旨の遺産分割

　吾郎と孝蔵との協議により 54 番の土地は、吾郎が単独で所有する

84　第 17 話　数次の法定相続

旨の遺産分割がされていた場合は、そのとおりに権利が変動する。その権利変動は、松子の死亡により相続が開始した時に起こるから、孝蔵が共有者として存在する段階は、遡って存在しないとして扱われる。やがて吾郎が死亡し、孝蔵が単独で相続するから、所有権は、松子→吾郎→孝蔵、と移転する。登記は、松子→孝蔵、の所有権の移転の登記を一つすることでよい（民刑局長回答明治32年3月7日・先例集上25頁）。登記原因は、「吾郎相続、相続」である。「吾郎相続……」の部分は、中間に吾郎が権利者であった段階がある、という物権変動の過程を示す。後ろの「……相続」の部分は、氏名を書き添えない。書き添えなくても、登記名義人になる孝蔵が相続することが明らかである。

　この登記の申請に際しての添付情報は、上述(1)と異ならない。すなわち、吾郎の生前に遺産分割協議がされた事実を陳述する登記原因証明情報を用いることもできる（民事第二課長通知平成28年3月2日前掲の趣旨は、この場合にも及ぶと理解される）。

＊　　　＊　　　＊

　「なるほど。松子→孝蔵という一度の登記で済むかどうか、は場合による、ということですね。」

　「ご名答。」

　「ありがとうございます。それで54番の土地はわかりましたから、あとは55番の土地だわ。こちらは、ね、おかあさま……」

　そこで健太が横合いから、「その55番とかの土地の話は、食事のあとでいいんじゃない。飲み物の用意が調ったから、さ。シュークルートは、ビールか白ワインをあわせることが定石だけれど、あまりそう堅く決めつけることもよくないと、思ってさ、今日は、赤ワインを選んでみたんだ、これもなかなかいける組み合わせだと思うから、試してみてよ。」

　「ありがとう。おなか空いたわ。」

　健太が、「でも、横で聞いていたけれど、その54番の話って、ど

うしても一回の登記で済ませたいのだったら、吾郎さんの生前に遺産分割協議をしていたことにすればいいんじゃないの？　つまり、真実は**2**のようであったとしても、登記原因証明情報を作成して**3**の物語にしてしまう裏技を使えば、登記官からはわからないだろう。」

　困った顔の悦子、「そういうの、裏技とはいわないわ。真実は……あったとしても、という言い方で語るに落ちたところがあって、それを専門家がしたら、懲戒の問題になるわよ。」

〔参考〕醍醐香・研究報告・東京司法書士会『判例・先例研究』（平成27年度版）（講評、藤原勇喜）。

第18話

権利の遺言相続

　55番の土地は、竹子さんが所有していた。妹の梅子さんの姪から相談を受けた志乃が畑中弁護士にアドバイスを求めた、というところまで、第17話の復習である。

　55番の土地の上には甲建物があり（数字がややこしいから家屋番号による表記をしない）、これは区分所有建物である。甲建物は、301号室だったり514号室だったりする部分から構成される。ひらたく述べると、マンション。甲建物の全室も竹子さんが所有しており、55番の土地と同じく竹子さんを登記名義人とする所有権の登記がされている。

　竹子さんの夫が俊太郎さんであり、存命である。二人には、唯一の子である忠興さんがいる。竹子さんは、生前に遺言をしており、それによると、55番の土地の所有権それ自体は俊太郎さんに、ただし、55番の土地を目的とする建物所有目的の地上権と甲建物の全室の所有権は忠興さんに、また、その一室である511号室の賃借権を俊太郎さんに、それぞれ相続させる。さて、これらの権利の登記は、どのようにすることがよいか。

＊　　　＊　　　＊

　食後のコーヒーを用意しながら健太が、「まず、素朴な疑問。なぜ、そんなに複層する権利関係を望むことにしたのですかね？」

　志乃「高齢でマンションの賃貸経営のような厄介な事務を望まない俊太郎さんには、いわゆる底地のほうを与え定期の地代収入が得られるようにし、あわせて一人暮らしで大きな家は要らないから、居住ス

第18話　権利の遺言相続　　87

ペースとして511号室を賃借してもらうことにしたのよ。それなりに理由はあるのね。」

「なるほど。まあ、かなり込み入った話ではあるけれど、不動産登記法63条2項で、相続による登記は単独で申請することができるから、俊太郎さんと忠興さんがそれぞれ取得した部分を登記すればいいのじゃないの。」

黙って聴いていた悦子が、「それぞれ取得した部分、なんて、考えることができないわ。」

*　　*　　*

1　相続させる旨の遺言

竹子がした遺言は、「……の権利を誰々に相続させる」旨のものである。**相続させる旨の遺言**とよばれる。この概念を扱う規定は、民法にない。おもに公証人実務を中心とする実務が形成した。これについて判例は、特別の事情がない限り、遺言をもって遺産分割方法が指定された（民法908条参照）ものと理解する（最二判平成3・4・19民集45巻4号477頁）。それはよいとして、その効果は、判例によると、かなりパワフルである。分割方法の指定として示された権利変動は、遺言の効力発生に伴い「何らの行為を要せずして……直ちに」生ずる。また、このようにして生ずる権利変動は、登記なくして第三者に対抗することができる（最二判平成14・6・10家月55巻1号77頁）。

これらの実体的効果を素直に受け止める登記手続は、たしかに不動産登記法63条2項に基づく単独申請であると映る。

2　所有権の実体的な概念から考えると

所有権は、原則として「自由に」（民法206条）すべてのことができる**全面性**を有する。この全面性は、なんらか所有権を制限する権利（たとえば地上権とか抵当権）が同じ物の上に成立することの結果として、制約を受ける。そのような制約がない状態は、所有権の円満性が

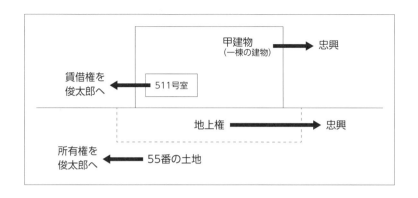

保たれている、という。円満性が失われる契機は、具体特定の誰かが地上権などの権利を取得することが決まったときに限られる。誰かわからないけど地上権が成立するから、その制約を受けない部分のみ観念する、ということは、もともと民法が予定する所有権ではなく、抜け殻のような所有権を勝手に遺言や契約で作り出すことは許されない（民法175条）。55番の土地の所有権のうち、地上権の制限を受けない部分のみ俊太郎が単独で取得する、という権利変動は、それのみを考えることができない。

3 登記手続から考えても

不動産登記法63条2項は、相続を登記原因とし、被相続人を登記義務者とする登記を問題とし、それを相続人が単独で申請することができる、と定める。地上権を忠興が取得する登記を同項に基づき単独で申請することができる、と仮に考えるとすると、竹子→忠興の地上権取得の権利変動が「相続」を登記原因としてされ、その登記は、権利部乙区に主登記としてされる。それは、おかしい。生前に竹子が誰かから地上権を取得していて（それにより地上権の設定の登記が既に主登記としてされていて）竹子の死亡に伴い「相続」を原因として忠興に地上権の移転の登記がされる（付記登記としてされる）というのなら、話がわかる。

俊太郎が取得する賃借権の話になると、それを相続が原因であると
してすることは、ますますおかしい。賃貸人である511号室の所有者
である者が忠興であるにもかかわらず、竹子→俊太郎の賃借権の設定
の登記として、「相続」を原因としてすることは背理である。

❹　相続させる旨の遺言の限界

　だいたいが、当然に権利変動が生ずる、とされるけれども、本当に
遺言の効力発生により権利変動が明確な内容をもって生ずるか。地上
権や賃借権を当然に取得するというが、地代や賃料はいくらであるか、
存続期間や期間はいつまでであるか。たしかに、地上権は実体的に地
代を定めても定めなくてもよく（民法266条1項参照）、登記手続上も
任意的登記事項である（不動産登記法78条2号）。そうは賃料はいか
ない（同法81条1号）。定めが申請情報に示されなければ、登記申請
が却下される（同法25条5号、不動産登記令別表38の項の申請情報欄）。
では、賃料は、遺言で示されているであろうか。

　それらが遺言で定められていないからといって内容不明で無効であ
るとすることは、遺志尊重の理念からして乱暴である。当然に権利変
動が生ずるというように、あまり背伸びをせず、遺産分割の〈方針〉
を伝えるものとして遺言を理解することが穏当ではないか。

　55番の土地は、竹子→俊太郎の相続を原因とする所有権の移転の
登記をしたうえで、土地について俊太郎→忠興の地上権の設定の登記
をする（両者の共同申請、登記原因は「設定」）と共に、甲建物の各室
は、竹子→忠興の相続を原因とする所有権の移転の登記をしたうえで、
511号室について忠興→俊太郎の賃借権の設定の登記をする（やはり
共同申請、「設定」）ことになる。

＊　　　　＊　　　　＊

　「話を聴いていると、相続させる旨の遺言って、一見するほどパワ
フルではないってこと？」

　「実務の工夫として相続させる旨の遺言が産まれた経緯は、よく理

解しなければいけないけど、それに判例が与えた効果は、いささか過
剰適応というか、もう少しバランスがあってもよいように感ずるわ。
背景事情として、どうしても実務には単独申請で済ませたい性向があ
り、これにお付き合いしている部分も見え隠れするわね。」

　「なるべく簡便に話を進めたいという実務の感覚は理解できるけ
ど。」

　「たしかに。でも、民法のいろいろな概念の理解や役割が曇ること
は困るわ。遺産分割方法の指定であると解する出発点はよいとして、
そもそも分割方法指定で完全に遺産の帰属を決めきれるとは限らない、
という限界をもつものであることも、冷静に見なければ。登記なくし
て第三者に対抗することができる、っていうのも遺贈の扱いとあまり
に懸け離れ、それでよいかどうか。そこを見直すかもしれない法制審
議会の議論も始まっているから、見守っていきたいものだわ。」

〔参考〕水野紀子発言・シンポジウム「遺言自由の原則と遺言の解釈」私法
69号（2007年）82頁、「遺産分割も登記もすべてを私人が自由にできるよ
うに安上がりに委ねてしまった〔という〕根本的な原因」の指摘。

第19話

3月11日──逝きし人たち

　宮古で昼食をとったあと、交代した志乃の運転で国道45号を進む。3月11日、あの日から6年のその時刻まで、あと1時間もない。途上、「風の電話」を訪ねる。幽冥を隔てられた人々と話すための黒電話機。人々の思いを受け止める役割を引き受けていることが、傍らに置かれたノートへの書き込みでわかる。

　式典のために用意された駐車場に車を寄せたところで、あと10分。「できれば会場で」と健太が叫び、「まにあわなければその時の屋外で黙祷することでもよいわ」と志乃。2分前に到着する。政府主催の式典が会場で実況中継されている。その時刻が訪れ、瞑目して種々の思いをめぐらせた刹那、式辞が続き、やや思いが掻き消される。議員の挨拶は少なくし、かつ短くてよいのではないか、もっと遺族や被災した人たちの話を聴きたい。と感じはしたものの、それぞれ役職にある人にスピーチをさせることも復興を進める手順であるかもしれない。やがて専門家の指導を受けたという方たちの献奏。それは、良かった。

＊　　　＊　　　＊

　「母が御世話になっています。」「とんでもない。難しい案件ばかりの被災地ですが、畑中先生には、そのたびに御知恵をいただいています」と述べるのは、地元の司法書士の安藤恵介。

　「さきほどの中学生の子のスピーチを聴きましたか?」

　「幸代さん、でしたか、とても、心のこもった話だったわ。お母様のハルヱさんが津波で亡くなったのですね。」

　「父親の源五郎も別な浜に打ち上げられ、翌日に発見されました。

彼女は、いちどに両親を失いました。まだ中学生ですから、未成年後見人の一人になった伯母さんの家に引き取られていますが、じつは私も後見人になっています。」

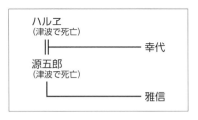

「なにか事情でも？」

「ハルヱさんは、先代から数筆の土地、宅地や山林を相続していました。彼女がなくなりましたから、幸代さんが相続しました。伯母さんを信用しないわけではありませんが、不動産を未成年者が所有しますから、親族のみを後見人にしないで慎重を期したい、という家裁の方針であり、もっともなことです。」

「それで、先生が後見人を務めているのですね。でも、よくわからないのですが、源五郎さんが夫であるとすると、彼にもハルヱさんの相続権があるのではありませんか。」

「ご明察。そこが、悩ましいところでした。なくなった方のことを言いたくはありませんけれど、源五郎は、きつい漁師の仕事から帰るたび、ハルヱさんと生まれたばかりの幸代さんに殴る蹴るの暴力をふるい、あげく家を出ていき、隣の入り江に移り住みました。職務上請求をして調べたところ、たしか彼はそこで雅信という子をもうけています。しかし、ハルヱさんと離婚の手続をしていません。ですから、夫である源五郎も相続人であって、その子が権利を主張する可能性がありました。」

「可能性というよりも、そうなるのではありませんか。」

「それは、夫婦のどちらが先になくなったか、によります。」

　　　　　＊　　　＊　　　＊

1　夫が先死の場合

司法書士は守秘義務があり、通常、当事者の法律関係に係る事実を

特に人物が特定される仕方で他人に述べることは、許されない。ここでは、これからの考察を成立させる便宜から、関係者の名が明らかになっていることを前提とする。話題になった人々のほかに関係者がいないことをも前提として考察を進めると、まず、源五郎が先に死亡した場合において、ハルヱが死亡したときには、彼女の子である幸代のみがハルヱの相続人となる（民法887条1項）。

② 妻が先死の場合

ハルヱが先に死亡した場合において、その相続人は、源五郎と幸代である（同法897条1項・890条）。ハルヱ夫婦は、婚姻が破綻していると認められるが、相続人廃除（同法892条・893条）がない限り、源五郎の相続人である資格は否定されない。ハルヱが死亡した段階でその資産は、彼女が遺言で別異の相続分指定をしていない限り源五郎と幸代が2分の1ずつ共有する（同法900条1号・898条・899条）。その後、源五郎が死亡し、彼が承継した2分の1の持分は、相続により子である幸代と雅信に半分ずつ帰する（同法887条1項・900条4号）。

③ 戸籍の事実上の推定力

問題は、ハルヱと源五郎のいずれが先に死亡したか、わからない、ということである。2人は、3月11日、いずれも津波に呑み込まれ、打ち上げられた浜は異なるものの、なきがらが見出された。二人とも、襲い掛かってきた海水のなか、もがき苦しんだであろう。その苦痛、恐怖を私たちは、想像するほかない。そして、ある時点で命が途絶える。その時刻を知ることは、難しい。

似たことは、昭和34年9月26日に起きた伊勢湾台風の際にもあった。戸籍上、Aの死亡時刻（a）が「9月26日午後10時20分」とされ、また、Bが「9月26日午後7時〔b_1〕から翌27日午前7時〔b_2〕までに」死亡したとされる場合をA・Bの死亡の前後が明らかでないとして扱うとされた（民事局長回答昭和36年9月11日民甲2227号・先

例集追Ⅲ 612 頁）。B について報告された時間帯が A の死亡時刻を含む
ものとなる場合（$b_1 \leqq a \leqq b_2$）であれば**同時死亡の推定**（民法 32 条の
2）が働く、ということであろう。

　東日本大震災の際は、死亡届などにおいて死亡時刻を「平成 23 年
3 月 11 日午後不詳」とすることが督励される（民事第一課長通知平成
23 年 6 月 7 日民一 1364 号）が、3 月 11 日午後 3 時頃とされる例もある
らしい。さらに、これらと微妙に異なる時刻で死亡報告がされる例も
あることであろう。それらの前後を問題としなければならない事例は、
困難が予想される。

　大きな災害に際し現場が混乱を極める場面で相続の法律関係などを
厳密に念頭に置いて警察官や自衛官が仕事をするものではなく、それ
を求めることも非現実的である。半面、権利に関する登記について定
型的な審査を求められる登記官に対し、どこまでを前後不明と認めて
よいかと悩ませることも適当でない。裁判所の判断があって判決によ
る登記が申請される場合は、それに従った処理をすればよいが、いち
いち裁判所の実体判断を仰ぐことが実際上求められることは、被災地
の当事者の負担が大きく、裁判所の機能にも深刻な影響を及ぼす。現
実的な処理としては、ハルヱと源五郎の二人とも「3 月 11 日午後不
詳」で戸籍の扱いがされた場合は、民法 32 条の 2 において生死の前
後が「明らかでない」とされる場合に当たるとする事実上の推定が働
く、と考えるべきであろう。

＊　　　＊　　　＊

　「前後不明の推定が働くと、結局、どうなるのですか？」

　「戸籍の記載から前後不明の事実上の推定→同時死亡の法律上の推
定、という、いわば二段の推定が働き、ハルヱさんと源五郎とは互い
に相続人でなくなり、■の帰結になります。本件も、そのように登記
上の手続をしました。」

　「ハルヱさんの資産はすべて幸代さんのものになったのですね。」

　「ええ、その管理が私の仕事です。震災の直後に民法が改正され、

複数の未成年後見人を選任してもよいことになりました。そのことも、
さいわいしています。」

〔参考〕松本亮真「震災と登記業務」市民と法84号（2013年）63頁。

第20話

3月11日——遺された人々

　「お客さんのおかげで、ひさしぶりに越喜来を訪ねます」。3月11日は釜石の駅前にあるホテルで一泊した健太と志乃。翌12日は、都市再生機構が建てた災害公営住宅を見ようと大船渡まで来たが、どの方向が越喜来であろうか。やや疲れていて、事故を起こしてもいけないと思う。なにもない駅前、客待ちのタクシーはいる。ここは乗車してしまおう。運転手に聞くと、そこは彼の故郷であるという。行政区画は大船渡であるが、隣の入り江である。隣といっても、遠い。首都圏に比べ料金が安いはずであるのに、山道を走る車のメーターは、あっというまに5000円を超える。

　入り江は、一つずつが共同体である。人々は、互いの顔を知っている。都会を想定した制度の論理がそのままは働かない。 第19話 の安藤司法書士の話を想い出す。

＊　　＊　　＊

　「震災の後、不動産について心配が寄せられたことは、権利証の話です。保管していた家は津波で流されました。福島では、家が残ったものの、当然、急いで避難したのですから、権利証を持ち出す余裕などありません。家に戻ろうにも、線量は高いままです。」

　「しかし、権利証がなくなったからといって不動産の所有権が失われるなんて、バカな話はないですよね。」

　「もちろん。でも、そんな心配を真剣にした被災地の人たちを笑うことはできません。司法書士会では仮設住宅を巡回して法律相談を受けていますが、この相談が今でも寄せられます。」

第20話　3月11日——遺された人々　97

「実際、権利証がなければ不便なことはありますでしょう。」

「不動産を持ち続けているぶんには権利証がなくても支障がありません。けれど、売却処分しようとすれば、売買による所有権の移転の登記の登記義務者となりますから、権利証などを提出しなければなりません。」

「権利証がないと売れないということですか。」

「いえ、そんなことはありません。」

＊　　　＊　　　＊

1　権利証は俗称

"権利証"、"権利書"、"登記済権利証"。いろいろ言い方はある。どれも法制上の用語ではない。公式には、**登記済証**。かつての制度において、不動産を取得し、その旨の登記がされると、新しく登記名義人になった者に交付された。登記名義人が次に不動産を処分して登記をする際、登記済証を登記官に提出する。登記済証は、登記名義人が保持している前提であるから、それが提出されるならば登記義務者（＝登記名義人、不動産登記法2条13号）その人の意思により登記が申請されていることになる。だから、かつて日本人は、登記済証をなくしたり盗まれたりしないよう神経質になった。

2　これから登記済証はなくなっていく

かつて、と述べることには、わけがある。登記済証は、これからなくなっていく。不動産登記法の**附則6条の指定**がされたあと、それまでの登記名義人が登記済証を提供して所有権の登記を申請すると、新しい登記名義人には、もはや登記済証が交付されない。同人に通知されるものは、**登記識別情報**。新旧の制度の切り替えの時期は、場所により異なる。登記所ごとに法務大臣の告示で定められた日以後に申請された登記は、その実行に伴い新しい登記名義人に登記識別情報が通知される。登記識別情報の実像は、欧字と数字を組み合わせた暗号コード。本人しか知らないはずのコードが提示されればそれでよく、

98　第20話　3月11日——遺された人々

それを記載した書面そのものは、どうでもよい。書面が津波で流され
てもコードを書き写しておいたノートがあれば、それでコードを登記
官に陳述して次の登記を申請することができる。

3 登記識別情報などを提供することができない場合のチョイス

けれど、そのノートも家の中に置いてきた、ということは、おおい
にありうる。代替の手段は、三つ。第一に、登記官が、登記を実行す
る際に**事前通知**をし、登記申請の内容が真実であると思うときはその
旨を申し出て欲しい、ということを登記名義人に通知し、これに対し
申出があったときは登記がされる（同法 23 条 1 項・25 条 10 号）。第二
に、司法書士など**資格者代理人の本人確認情報**を提供して手続を進め
てもよい（同法 23 条 4 項 1 号）。司法書士などと会い、旅券や運転免
許証など顔写真が載っている本人証明書類を、または健康保険証など
顔写真のない証明書類 2 点を提示して本人確認をしてもらう（不動産
登記規則 72 条 2 項）。第三は、類似の本人確認を公証人にしてもらう
公証人の本人認証である（不動産登記法 23 条 4 項 2 号）。

4 避難所で暮らす人々

ということは、あなたが登記識別情報を盗んだ悪いヤツであるとし
たら、どうでしょう？ 事前通知などされてしまったら、バレてしま
います。そこで一手。いきなり所有権の登記を申請せず、いったん登
記名義人の住所を勝手に変更する登記をする。それから、虚偽の登記
申請をすれば、事前通知が現実には登記名義人が住んでいない虚構の
住所に宛てられ、それを盗人が受領して所要の申出をすれば完全犯罪
が成就——となりそうであるが、こんな企みを許してよいはずがない。
そこで、登記官は、問題となる所有権の登記が申請される前の 3 か月
の間に住所を変更する登記がされている場合は、念のため前の住所に
も宛てて問い合わせをする（不動産登記法 23 条 2 項、不動産登記規則
71 条 2 項 2 号）。それは「転送を要しない郵便物」をもってされる（同

第 20 話 3 月 11 日——遺された人々 99

規則71条1項）。その趣旨は、むしろ転送を「してはならない」ということであり、不着になって戻ってくることこそ、本来である。が、被災地では、郵便局員も含め皆が顔を見知っている。うっかり避難所にいる相手に出会い渡してしまった、という話もきく。たくさんの問題が一気に押し寄せる避難所の現場には申訳ないが、**前住所通知**の趣旨を説明し、不着の扱いとしてもらうことをしなければならない。次の大きな災害への申送事項である。

＊　　　＊　　　＊

　入り江は、一つずつが、隔てられた社会である。被災地を描く作品を書こうと考えていた志乃は、それが簡単なことではない、と痛感しつつ、安藤司法書士の話をまた想い起こす。

　「ひとまず登記名義を誰それに移しておく、という言い方がされることがあります。それは、一つのスキャンダルです。登記は、売買や贈与や相続により権利変動が実体上存在してこそ、それを公示するためにされるもの。便利だから、という理由で登記名義を改めることをしてはなりません。」

　「もちろん、そうでしょう。」

　「けれど、実体的に権利変動があったかどうか確かめるには、売買であれば、売主となる登記名義人本人に会わなければなりません。本人を連れてきて欲しい、と求めると、ニヤッと笑い、本人は諒解していますよ、先生、などと地元の人には言われます。それでは困る、と告げると、もう代金はここに用意されています、そんな杓子定規なことをおっしゃって、この取引が流れたら、先生にも責任をとってもらいますよ、と居直る人までいます。」

　「ひどい話ですね。」

　「こういうときの登記名義人本人は、多く、高齢者で施設にいたり、知的障害のある人であったりし、周囲の者らが印鑑を持ち、ほしいままのことをするものです。後見開始審判を申し立てて、などと正論を説けば、そんな先生、都会みたいなことを言っていたら……と一笑に

流されるでしょう。」

　自然災害がきっかけであったとしても、それが図らずも浮き彫りにしたものは、地域における法化の不十分という問題事象である。それを文学が受け止めることは、難事であるとともに責務でもある。志乃は、そう思った。

第20話　3月11日──遺された人々　101

第21話

職務上請求──健太の父

　圏央道の沿線にある空き地を集約して流通団地を建設するプロジェクトに参加した不動産事業会社に勤める畑中健太が、その一角の用地取得を進めるため出張したのが、札幌である。問題となっている甲土地の登記名義人の雄三は、昭和57年に死亡している。雄三の妻も死亡しており、妻との間の子である虎松は、高齢であるが、娘の多重と相談し、甲土地の売却を承諾した。雄三夫婦の子は虎松のみであるから、雄三→虎松、の相続を原因とする所有権の移転の登記をし、そのうえで、売買を原因とする当方への所有権の移転の登記をすればよい、ともみえる。

　ところが、である。雄三は、東京の商社に勤めていたが、その札幌支店に勤務していた時期があり、その時期に貞という女性と知り合い、一人の女の子をもうけたらしい。入籍とか転籍のことで揉めたものの、最終的に雄三は、その女の子を認知した、そして、その女の子は戦後の混乱の時期に亡くなった、と聞いている、というのが多重の話である。

　認知された子が雄三より先に亡くなっていて、かつ、子がない、ということになれば、上記の相続の登記ができることに確信が得られる。このことを調べてほしい、と依頼した法律事務所で結果を聞き、今後の方策を打ち合わせることが出張のねらいである。

＊　　　＊　　　＊

　「遠路、ごくろうさまです」と椅子を勧めた高村駿介弁護士に健太が早速、「先生、どうでしたでしょうか。雄三氏と貞さんとの間に生

まれた娘さんは、名前もわかりません。きっと、貞さんの戸籍を見れば記されていると考え、多重さんに頼んで戸籍を請求しようとしましたが、うまくいかないようです。」

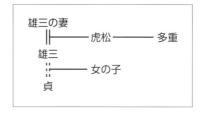

「戸籍には、個人の大切なプライバシー情報が納められています。たとえ皆さんのように事業の目的ということであっても、法律が資格を認めていない人に見せることはできません。」

「それで先生にお願いした次第です。で、どうだったでしょうか？」

「貞さんが函館に本籍があったことまでは、わかりました。」

「あった、と過去の表現をなさることは……」

「ここからは推測ですが、おそらく貞さんも娘さんもなくなっており、その娘さんに子もいなかったとみられます。しかし、それらを公文書で証明することはできません。」

「本籍までわかったのですから、戸籍、いえ、あるいは除籍の証明ということでしょうか、それを請求していただくことはできませんか。」

「しました。そして、ない、という回答でした。」

*　　*　　*

1 戸籍に記載されている事項に関する証明書の交付の請求

戸籍に記載されている事項に関する証明書の交付を請求することができる者は、基本は、本人に限られる。**本人請求**であり、「戸籍に記載されている者」と法制上表現される（戸籍法10条1項）。これに準ずる者として、本人の「配偶者、直系尊属若しくは直系卑属」も請求することが認められ、いわば、**準本人請求**である（同項）。死亡などにより戸籍から除かれたこと（**除籍**）の証明も、異ならない（同法12条の2）。

これ以外の全くの第三者が請求することができる場合は、きわめて

限られる。国または地方公共団体の機関が、法令の定める事務を遂行するために必要がある場合の**公用請求**（同法10条の2第2項）と、弁護士など法令所定の資格者が受任事件の業務を遂行する必要から認められる**職務上請求**（同条3項以下）がある。このほかには、自分の権利義務関係を実現する必要に迫られて交付請求が認められる場合などが、ないことはない（同条1項）けれども、そこの運用が曖昧になったのでは、戸籍情報の保秘性が大きく損なわれる。事案の貞は、雄三と婚姻していたものでもなく、虎松や多重が請求をするのを受け容れることに疑義が残る、という見方も成り立つ。

② 街を覆う劫火

　函館の街は、読者の皆さんは、どこが好きですか？　函館山、その山へ赴くロープ・ウェイ、五稜郭、そこにある箱館奉行所の跡、どれもよいですね。あと、外人墓地。畑中弁護士の好みは、外人墓地そのものより、そこへ向かって登っていく坂、坂から見渡す函館の街、そして海。あれ、よいとは思いませんか。

　けれど、不幸なことに、その外人墓地から遠くない場所から出た劫火は、やがて街を襲い、さらに拡がる。昭和9年3月21日のことであった。焼失した建物は、11,105棟（この棟は行政統計上の概念）、被災した世帯は22,667世帯。悼むべきこととして、2,166名の人々がなくなった（函館市のウェブ・サイト）。失われた財産も多い。個人の財産もさることながら、失われた大事な公文書もある。戸籍である。

　北海道は、登記行政上、特筆すべき事項が多い。函館に本籍を有する者の戸籍の証明には、ときに困難がある、ということも、札幌法務局管下の登記官や、同地の司法書士にはよく知られたことであるが、全国的には注目されていない。理論的には函館本籍の者の相続が九州の土地について問擬されることもありうるから、必ずしもローカルな問題ではないが、どうしても実際に遇う際は、北海道の事案である。

❸ 除籍等の滅失に係る市町村長の証明

相続を原因とする所有権の移転の登記は、不動産登記法 60 条にかかわらず、単独で申請することができる（同法 63 条 2 項）が、だれとだれが相続人であるかを示す公務員職務上作成情報を添付情報として提供しなければならない（不動産登記令別表 22 の項添付情報欄）。しかし、函館大火に限らず、除籍の謄本を提供することが物理的に不可能である場合は、ありうる。その際は、戸籍や残存する除籍の謄本を提供すれば足りるとされ、提供することができない部分については、除籍等の滅失等により除籍等の謄本を交付することができない旨の市町村長の証明書を提供することでよい。この取扱いは、近時の先例により明らかにされた（民事局長通達平成 28 年 3 月 11 日民二 219 号・登記情報 655 号 102 頁）。この登記先例の射程は、全国のすべての事案に及ぶ。とはいえ、とりわけ可視的なメリットが大きいこととしては、被災地における復興事業のための用地取得が促進されることがある。先例が発出された日付は、この意義を象徴するものにほかならない。

＊　　　＊　　　＊

「大火のために貞さんの戸籍が失われているとしても、そのことを明らかにする市町村長の証明を出せば、他に相続人がいないものとして、雄三→虎松、の登記ができるということですね。これで出張のねらいは、達せられました。じつは、本日は、あと一つ、こちらは全く私的な御依頼ですが、ご相談があります。別件で戸籍の調査をしていただきたい人がいます。かつて札幌に在住していたことまで、わかっています。」

「ご説明したように、たしかに弁護士は戸籍の職務上請求をすることが認められますが、不適正な請求、たとえば興味本位の戸籍情報の収集などが認められないことは、ご存知ですね。」

「認知の訴えの被告にしようとする者の消息を明らかにする、というのが、不当な目的でしょうか。」

「事情を伺う必要がありそうですね。当該の方の氏名は、わかって

いますか？」

「村木健一郎氏です。」

「……。」

「先生も、ご存知の人ではないか、と推測しています。」

名刺を確かめながら、「もしかして、畑中悦子弁護士の御子息ですか？」

〔**参考**〕寺田寅彦『天災と国防』（講談社学術文庫の刊行は 2011 年）が函館大火を描く。

第22話

マンションの悩み──志乃の父

　神戸市垂水区。明石海峡大橋という、いかにも現代的な構造物が風景の中心を占める場所であるが、浜辺の風情は、光源氏が不遇の日々を過ごした、ということの想像も難くはない。そこに今も住む庄吉を訪ねた志乃は、ここで生まれた。庄吉は、もともと当地で建築士の仕事を始めていたが、神戸で起きた震災、いわゆる阪神・淡路大震災を契機にマンション管理士の資格を取得し、現在は、マンションの相談相手のような仕事もしている。

　ひさしぶりに訪ねた志乃との父娘のマンション談議に耳を傾けることにしよう。

＊　　　＊　　　＊

　「元気そうではあるけれど、お仕事が忙しそうね。」

　「ここのところ、立て続けにマンションをめぐる面倒な相談事が持ち込まれてね。」

　「私が聞いても、わからないかもしれないけれど。」

　「わかりやすく述べると、マンションをめぐるミクロの話と、マクロの話とがある。」

　「なに、それ？」

　「マンションという言葉は多義的で、文脈によって意味がちがう。夫婦でマンションを共有している、という場合は、一棟まるごとというよりも、室ごとの、いわばミクロの話。これに対し、マンションの建替えを集会で議論することになった、という場合は、一棟の全体を指すマクロの話だ。」

第22話　マンションの悩み──志乃の父　　107

「なるほど」と、だんだんおもしろくなってきた志乃に「実体法の法令はマクロのほうのマンションを**区分所有建物**とよぶが、不動産登記の法令では同じものが**一棟の建物**。ミクロのほうの各室を実体法は**専有部分**、登記の世界では**区分建物**という。それぞれに難しい問題がある。」

＊　　　＊　　　＊

１　建物区分所有のミクロの側面——1995 年、神戸

　あるマンションの 501 室を夫婦が共有する。などということは、ざらにある。そのマンションで集会が催され、建替えをすることが議されることになった、としよう。老朽化したマンションは、これからますます増えてくる。建替えをするならするで、適法な手続を経ることが、いっそう実務上重要になってくる。**建替えの決議**は、建物の区分所有等に関する法律（次述**２**において区分所有法と略称する）62 条 1 項によれば、**区分所有者及び議決権の各 5 分の 4 以上の多数**でされる（「各」の字に注意）。二つの特別多数のハードルを超えなければならない。「議決権の」5 分の 4 は、議決権（同法 14 条・38 条参照）を積み上げて確保する。これに対し、「区分所有者」の 5 分の 4 は、要するに頭数の問題である。

　共有する夫婦は、妻が 1 票で夫が 1 票ではない。あわせて 1 票である。あたりまえであろう。その 1 票を誰が行使するか、それは、共有者らが定める（同法 40 条）。

　また、頭数は、区分建物の数ではなく区分所有者のそれである。ある者が 501 室と 502 室とを所有する場合は、その者が 1 票を有する。2 票ではない。

　これらの融合問題。夫婦が 2 分の 1 ずつの持分で 501 室と 502 室とを共有する場合は、頭数はどうなるか。すべてあわせて 1 である。まさか 4 票になる、などと愚かなことを述べる人は、ここまでの説明を経た読者にはおられないはずである。

108　　第 22 話　マンションの悩み——志乃の父

2 建物区分所有のマクロの側面——それから20年後、横浜

強固な地盤の深さまで杭が届いておらず、建物が傾いたことから発覚したことは、耐震のデータの偽造であった。費用全額を負担して建て替えると大手の不動産事業者が表明した、と報道が述べる。その報道は、正しくない。区分所有者らが建替えをする決議をした場合にその全部の費用を事業者がもつと表明した、と報ずることが法律的に正確である。その決議の成立要件については、難しい問題がある。現地を見ると、甲・乙・丙と棟が連坦して（つながって）建っている。全体で一棟であるならば、たとえば甲に多数の反対者がいても全体で5分の4を確保すればよい。しかし、甲・乙・丙がそれぞれ一棟であるということになると、そうはいかない。

接続する三つの甲・乙・丙を所有する者らが、これらを併せて**一棟の建物**として扱うこととするか、それとも複数の棟とするかは、原則として所有者が「自由に……処分をする」事項である（民法206条）。そこにいう「処分」は、法律的な処分のみならず、事実としての処分も含む。その処分を意思表示ないし法律行為としてするとは限らない。"一棟の建物として扱いたい"と思っていることでよい。それは、法律行為ではなく、内心的な意思的容態である。

では、所有者の意思は、どのようにして確かめられるか。

区分建物を登記する場合においては、その属する一棟の建物を登記しなければならない（不動産登記法44条1項7号・8号）。この登記が、全体で一棟の建物として扱うことを前提にされているものとするならば、そのことは、全体を一棟の建物とする当事者の意思を推認させる。また、いったん非区分建物として登記された各部分を区分建物とする登記（**建物の区分の登記**、同法54条1項2号）がされるならば、それも、所有者が建物を区分所有に服せしめる行為として、解釈することができる。

さらに、区分所有法32条に基づく**規約の設定**は、規約を成立させる法律行為であり、所有者の単独行為であるから、外部的表現を明瞭

第22話　マンションの悩み——志乃の父　　109

	建物区分所有の実体法制における概念	不動産登記に関する法令における概念
「マンション」——大きな建物の全体	区分所有建物	一棟の建物
「マンション」——ある人が所有する201号室とか504号室とかいう部分	専有部分	区分建物

にし、かつ、それを安定させるため、公正証書による、という方式が求められる。この規約の設定が全体で一棟の建物として扱うことを前提にされているものとするならば、その趣旨の当事者の意思を推認させる有力な事情となる。

　要するに、現地における状況の精査を経て、所有者らが全体で一棟の建物として扱うことを欲する意思があり、かつ、その意思を強行的に否定する事情が見当たらなければ、これらの登記や規約は、実体を反映したものとして、それに即した効力を与えられる。

＊　　＊　　＊

　「たしか震災から、よね、お父さんがマンションに熱を入れるようになった、のって。私は、まだ小さかったから、難しいことはわからなかったけれど。」

　「源氏物語の時代、寝殿づくりはあったかもしれないが、高層の建物での集合住宅居住なんて、考えられなかった。けれど、現代は、これを避けて通ることができない。しっかりとした実務的な問題処理がされなければ、さまざまなトラブルが起こる。そのことを父さんは震災の際にまのあたりにして、これに一生取り組もうと考えたんだ。」

　「でも、阪神の話ならともかく、横浜まで首をつっこんでいるの？」

　「すこし関係者から相談されただけ。でも、専門家が少ないのが、この世界だから全国から相談は来る。区分所有を得意とする弁護士は少ないし、土地家屋調査士も、地方でマンションがないところの人は、

試験が終わると、区分合併、団地共用部分、それってなんだっけ、という人すらいないことはない。もちろん、尊敬すべき先達はいる。土地家屋調査士会の役員も務めた松岡直武先生は、マンションの泰斗でいらしたなあ。いろいろ私もお教えいただいたし、そうした御恩を無にしないよう、これからも取り組んでいこう、と思う。」

〔**参考**〕松岡直武「マンションの建替え──震災復興から何を学ぶか／棟を越える合意形成──連坦棟・団地」法律時報70巻3号（1998年）、その筆者を偲んで、山野目「松岡直武先生を悼む」土地家屋調査士674号（2013年）。

第23話
メトロが来る街

　とある歳末の日、畑中弁護士を訪ねたのは、地方の中核である都市の市街と郊外を結ぶ鉄道を造ろうとする事業の担当者である。

＊　　　＊　　　＊

　「鉄道の建設は私たちの市では初めてであり、技術面でも経験不足ですが、法律的にもわからないことが多く、困っています。まず、鉄道の市街を通る部分は、地下にトンネルを設けて線路を敷こうと考えています。ですから、この図面の45番と78番の土地は、私有地ですが、所有権の全体を取得する必要はなく、費用の節約の面からも、その深度の一部の部分を使用する権利を得ることで考えたいのですが、これは土地の賃貸借ということになりますか。」

　「どのくらいの深さを掘ることになりますか？」

　「約30メートルです。45番の土地は、時価が2100万円ですが、使用の権利でよいのであれば750万円の補償で済むとはじいています。けれど、78番の土地のほうは、時価が1500万円ですが、抵当権の登記がされていて、登記されている債権額が1760万円です。使用の権利であれば530万円に抑えられると踏んでいます。できればこの額で行きたいのですが……」

　「郊外のほうは、地下にしなくてもよいでしょう。むしろ地上であれば工費はかからないわよね。」

　「たしかに。そちらは、できあがった後の登記のことで御相談があります。駅舎も建設する予定ですが、権利関係をはっきりさせるため、登記で所有権を明確にしておきたいです。人件費の制約から、一部は

112　第23話　メトロが来る街

無人の駅でプラットホームしかない地点もありますけれど。」

＊　　　＊　　　＊

◼1　地下鉄道の権利関係

　地下にトンネルを掘って鉄道を造る用地は、もちろん所有権そのものを取得することでもよい。しかし、それは、費用が嵩む。用いない地表のぶんも払うことになるから。そこで、地下空間、たとえば地下15メートルから30メートルまでの部分を使用する権原のみ取得することが考えられる。その権原には、いくつかメニューがある。

(1)　土地の一部の賃貸借

　土地の水平的範囲を限って（45番の土地の東半分のみ、など）**賃貸借**（民法601条）の目的とすることは、許される。同じように、土地の垂直的範囲を限って（深さの範囲を限って）目的とすることも、実体上可能であると解される。"実体上"と強調することの意義を可視的に述べるならば、当事者間においては、疑問の余地なく認められる。ひとたび賃貸人であった所有者が土地を第三者に譲渡すると、賃借人が対抗要件を備えていない限り、これに対し賃借権を対抗することができない。対抗要件は登記であり、それは、土地の東半分のみ、とか、あるいは深さの範囲を限って**不動産の一部についての登記**をすることはできない（不動産登記令20条4号）。したがって、賃貸借にすることは、実務に適さない。

(2)　区分地上権

　「地下……の範囲を定めて……目的とする」地上権を設定して鉄道を敷設することは考えられる（民法269条の2第1項）。この地上権は、**区分地上権**とよぼう。空中権とよぶ意見もあるが、感心しない。法的構成を異にするアングロサクソン系の別の権利（air right）を想起させかねないからである。区分地上権の登記は、その**範囲**を登記することができ（不動産登記法78条5号）、その登記されたところに即して第三者に対する対抗が可能である。この「範囲」の取扱いは、「東京湾平均海面の下30メートルから15メートルの間」などと登記される。

第23話　メトロが来る街　113

(3) 大深度地下の使用権

もし 40 メートル以上の深さに鉄道を敷設する場合は、国土交通大臣または都道府県知事の認可を得て**大深度地下の使用権**を取得し、これによることも考えられる（大深度地下の公共的使用に関する特別措置法 10 条・11 条）。報じられるところでは、リニアモーターカーを通す中央新幹線は、これを根拠に一部の線区の工事が行なわれる。この使用権は、行政庁の特別の許与により創設される権利であり、不動産登記法 2 条にも掲げられないから、登記されることはない（主務も、法務大臣でなく国土交通大臣）。したがってまた、この使用権が設けられる土地に既存の区分地上権などがある場合は、登記の順位などにより機械的に権利の優劣を定めるのではなく、**事業間調整**（同法 12 条）の問題として処される。

② 先順位の抵当権と向き合う

78 番の土地に設定された**抵当権**は、1760 万円の債権を担保するものであり、そのことが登記上も明らかであるとみられる（不動産登記法 83 条 1 項 1 号）。そこで抵当権は、1760 万円を債権者に弁済しない限り消滅しない……はずである（民法 372 条・296 条）。が、それでは、どんなに大きな債権額でもそれを支払わなければ抵当権を消滅させることができず、不動産の流通を阻害する。むしろ、その不動産の価額を支払えば消滅させてよいとすることが合理的である。そこで、抵当不動産について権利を取得する者は、適当と信ずる額（民法 383 条 3 号の「特に指定した金額」）を 1500 万円などと定めて**抵当権消滅請求**をし、これに対抗して抵当権者が競売申立てをしないなどということになると、抵当権が消滅するとされる（同法 384 条・386 条）。

＊　　　＊　　　＊

「なるほど、では、45 番の土地は、区分地上権を取得して登記をする、ということが最も良さそうですね。78 番も同じでしょうけれど、こちらは、すこし御話に戸惑っています。結局、土地の価格の満

額である 1500 万円の買収費用がかかってしまうということであり、45 番の土地の扱いと比べても、これは納得がいきません。」

「それは、仕方がありませんわ。抵当権のほうが先順位で、それが実行されたら、こちらの区分地上権が覆滅されてしまうところを防ごうとしているのですから。それに法律上は、鉄道事業者の負担で土地所有者の負債のうち 1500 万円を消してあげたのですから、そのぶんを求償することができる権利が生じます。」

「そうですか。あと、駅舎の登記の御説明がありませんでした。これは、建物として登記する、ということができるとよいですが。」

「建物とは何か。これ、おもしろい問題なのよね。たとえばガスタンクは建物か、とかね。」

「たしか土地とその定着物を不動産とするという定義が民法にあり、その定着物に建物は当たるでしょうが、建物それ自体の定義は知りません。とはいえ、私どもは、ガス会社ではありませんから、ともかく駅舎がいけるかどうか、お教えいただけませんか。」

「まあ、そう急がないでもよいでしょう。年が明けたら北日本に旅をすることになっていて、珍しい建物の話が聞けそうなの。お土産の話と一緒に駅舎のことも、その後で書面で回答しますからね。」

〔参考〕鎌田薫「大深度地下利用と土地所有権」内田勝一ほか編『現代の都市と土地私法』（有斐閣、2001 年）、臨時大深度地下利用調査会答申（1998 年）。

第24話

海を望む遺構

　厄介な登記を解決してくれるという畑中悦子弁護士の評判を聞き、相談に訪れたのは、鉄道建設に従事する 第23話 の市の担当者のみではない。郷里が生んだ作家の記念館を建設する用地のこともあった［☞ 第7話 ］。その作家は、文学修業をしている志乃さんの師匠である。ご存知の読者も多いであろうが、彼女の婚約者は、健太という。畑中弁護士の息子である。

　畑中弁護士の助言もあって用地の問題を解決したその記念館は、落成に至り、この年の2月、開館を記念する催しが行なわれる。悦子は、そこに招かれ、祝辞を述べることになった。仕事が済んだら、同地の温泉でゆっくりし、かねて親交のある地元の土地家屋調査士の人たちが設えてくれる小宴に臨む旅程である。宴の翌日は、小高い丘にある灯台に案内される視察まで付く。なんですか、丘に灯台がある、ってヘン?!　たしかに。じつは、その灯台は、近代日本の最初のものと伝わっており、もちろん初めは、海に面して設置され、船を導く現役であった。が、今は丘の公園に移築され、人々が明治の一様相を学ぶことに役立てられている。ところで、その灯台は、はたして建物であるか。

＊　　　＊　　　＊

　「これは、建物として登記することが絶対にできないとは言えないのではありませんか。」

　「そうですね、畑中先生。実務上、一般に灯台は登記可能な建物ではないとして扱われていますが、それも、ものによります。これは、

116　第24話　海を望む遺構

なかに入ってみないとわかりませんが、二層か三層になっていて、人が内部で動き回ることもできそうです。北海道のサイロを建物として登記することができることもあるのですから、これだっていけるかも。なかが螺旋階段かなんかになっていると、やや構造や床面積が煩わしいですけど。」

「だんども、それだば、中(なか)、見ねばわがられし、まづ扉閉じたまま、だばの、気にいらねの。」

「んだ、人間、常用しでる、でねば、簡単に建物としてだば、だめだの。」

「難しいところですな。畑中先生、お時間は大丈夫ですか。」

「ええ、午後の電車で三陸に向かうの。訪ねておきたいところがあるわ。」

＊　　　＊　　　＊

1 建物の概念

建物とは何か。それが定まってこそ登記可能な**建物**の概念が定まる。実体法である民法の解釈により建物の概念が見定められ、それを踏まえて登記可能な建物が不動産登記制度の運用として画される。

残念ながら民法は建物の明瞭な定義を述べないが、その手かがりはある。同法86条2項・370条・388条・389条などに鑑みるならば、土地に定着し、土地とは独立した財産として扱うことを適当とする程度の重要性を帯びるものでなければならない。また、同法209条1項ただし書の「立ち入る」という概念を予定するから、立ち入るか立ち入らないかで隔てられる空間を想定するものである。

この実体法理解に立脚して、不動産登記規則111条は、屋根や周壁を有して**外気分断性**があり、土地に定着する**土地定着性**を備え、かつ、人間の用途に供することができる**用途性**（**人貨滞留性**）を有する建造物を建物とする。

ガスタンクは、その内部空間で人間が活動することが困難であり、用途性を欠く。もちろん、用途性を欠く、とは、役に立たないという

第24話　海を望む遺構　117

意味ではない。人間活動を営む空間でない、という意味であり、土地に定着する「工作物」（民法265条）であることに変わりはない。灯台は、人が入り込む隙間はあるものの、そこで人間が何かの活動することを本来的には予定しない。その内部が一般への展示などに用いられるようリニューアルされるならば、博物館として認める余地は出てくる。似た話として、金融機関の自動預金払戻機を囲む空間は、ただちに主たる建物として認めることはできない（民事局長回答平成19年4月13日・登記研究717号53頁）。

② 外気分断性の伝統的意義

　用途性と関連させて理解されなければならないものが、建物の要件とされる外気分断性である。が、外気と完全に隔てられる空間など、あるはずもない。窓を開閉しない建物など、気づまりである。一時的に外気との遮蔽を欠く事態となるからといって、建物性が否定されることはない。祭りで通りを練り歩く山車（だし）はかなりの高さであり、これを格納する（犬山城下の「どんでん館」のような）倉庫は、山車を出動させる際に、かなりの空間が開け放たれ、風がビュービュー入ってくるが、それでも建物である。福岡ドームの屋根は開閉されるが、その部分も建物として床面積に算入される（民事局第三課長回答平成5年12月3日民三7499号・先例集追Ⅷ537頁）。

③ 外気分断性を発展的に理解する契機

　さらに一歩を進め、一部が常時開け放たれている空間を建物と目することができるか。ここになると、なかなか難しい。駅のプラットホームは、電車が通るたびにビュンビュン風に晒されるが、屋根があれば建物であるとされる（不動産登記事務取扱手続準則77条(1)アの「停車場の乗降場」）。むしろビュンビュン電車が通る場所に身を乗り出すことは、危険であって妨げられるから、そこには心の中で壁がある（**観念的障壁**）。

118　　第24話　海を望む遺構

戦争や災害の禍を伝える建造物は、しばしば一部が露出している。露出したままにしておくことに意義がある。いま、ここに6階建てであった建物が津波で損傷し、半分の階が外気に晒されることになったとしても、その損傷した部分に人の手が施

（八木博衛氏撮影）

されて保守されるならば、構造や床面積（不動産登記法44条1項3号）が6階のままであると理解する余地はないか――と問われるならば、それは、かなり難問である。が、一方で技術の発展で建築が多様になり、他方で大規模災害が頻発する時代を生きる私たちが、つねに建物概念を問い直していくヒントも、ここに潜む。

＊　＊　＊

　その建造物は、現在、市が運営する震災遺構として役立てられている。津波が襲った3月11日まで、遺構ではなく、現に旅人を迎える6階建てのホテルであった。まず寄せる波で1階と2階の壁が一撃で打ち抜かれ、ついで、その波が背面の丘に当たって戻ってくる勢いで3階が大きく損傷し、外気分断性を失った。

　1階にはエントランスと売店があり、2階には宴会場があった。それらを窺うことはできず、柱や梁が落ちそうになっている。落ちそうになっているが、本当に落ちたら訪問者にとって危ない。落ちそうで落ちないように現状を保存し、展示している。

　6階まで階段で昇ると、そこでガイドの方の説明を受けながら、あの日の津波の映像を見る。現在は防潮堤の建設が進む窓からの風景と重ねるようにして、あの日、猛獣のように襲いかかった津波が隠すことなく映される。「画面の右から左に進む消防車がありますね、避難をよびかけていますが、あの消防士の人たちは帰ってきませんでした。」

第24話　海を望む遺構　119

映写が終わり、悦子を含め皆が無言で6階から降りようとする際、ガイドが言い添える。「背面の丘も、ごらんいただけますか。丘を登る階段の途中に空き地があります。さらに丘の最も上まで階段が続きます。上まで行った人たちのみ、助かりました。でも、昭和三陸大津波の時は、中腹でも助かったんですよ。」

〔参考〕話題とする震災遺構は、構造や床面積の問題より前に、どのように建物の種類を考えるか（不動産登記法44条1項3号、不動産登記規則113条1項）という問題がある。八木博衛「震災遺構の登記／建物の表題部の変更の登記の顛末」登記情報56巻12号（通巻661号、2016年）。

第25話

未登記の団体

「任意団体という言葉は、どうしても好きになれないわ。」

　このたび、畑中弁護士を訪ねてきたのは、災害復興道路の用地買収にかかっている253番と481番の土地に関係している柳澤と菅野の二氏である。二人は、いずれもその村の、いや今は町村合併で市の一部になっているが、その衣川地区に住む。二人とも自宅の土地を所有しているが、それらが問題ではない。253番は、二人の父親たちが、村の若旦那衆で構成される自警団を結成した際、皆でお金を出し合って買った土地であり、その上には、かつて事務所として使った建物もあるが、今は荒れている。土地の登記は、自警団の代表を務めていた二人の先代と、高木という人の三人を所有権の登記名義人としてされている。これら三人は、すでに他界しており、高木の跡取りは、柳澤・菅野の両名と幼なじみではあるものの、最近はつきあいがない。

　この地域は、このたび沿岸と内陸をつなぐ災害復興道路の予定地となり、買収の交渉が始められている。253番と、 第26話 で扱う481番の土地は、いずれもその予定地に含まれる。

＊　　＊　　＊

「自警団の活動らしきことを今でも少し続けていますが、正直、合併で市の中心部との行き来が増えてからは、個別に警備会社に頼む人もおり、あまり意味がなくなっていると感じています。この際、道路用地として提供して得られるお金でNPOを作り、地域起こしの活動を始めようと私たちは考えています。」

　畑中「私たちは、と仰いましたね。」

菅野「高木さんのところの跡継ぎ息子が、気難しい人で、どうして
も賛成してくれません。」

柳澤「よく私がわからないのは、そもそも自警団って、なんなので
しょうか。親父たちは、みんなのため、ということで始めたようです
が、どうも公益法人とかいうのとも、ちがうようですね。」

「おそらく法律的には、権利能力なき社団とか、人格のない社団と
よばれるものですね。一般には、わかりくいので任意団体とよばれる
けれど、任意団体という言葉は、どうしても好きになれないわ。だっ
て、憲法が保障する結社の自由には、結社しない自由も含まれるから、
ふつう団体は任意に決まっているものですもの。」

＊　　　＊　　　＊

１ 権利能力のない社団の実体的理解

　法人に関する法制を参照すると（たとえば一般社団法人及び一般財団
法人に関する法律 22 条）、ふつう、その**設立の登記**がされることによ
り**法人**が成立し、したがって、その時に権利能力を取得する。しかし
社会には、諸事情から登記を見送っている団体もある。そのような団
体は、学問上、**権利能力のない社団**とよばれ、法制上は、**人格のない
社団**と称される（法人税法 2 条 8 号など）。一般へのわかりやすさから
は、任意団体とよばれるが、畑中弁護士は、もっとわかりやすく、と
考え、いつも未登記の団体と説明している。「権利能力のない社団と
いいうるためには、団体としての組織をそなえ、そこには多数決の原
則が行なわれ、構成員の変更にもかかわらず団体そのものが存続し、
しかしてその組織によって代表の方法、総会の運営、財産の管理その
他団体としての主要な点が確定しているものでなければならない」
（最一判昭和 39 年 10 月 15 日民集 18 巻 8 号 1671 頁）から、世に自警団
というものの全部がそうであるとは限らないが、衣川の自警団は、畑
中弁護士が事情を聴取し、それに当たると判断したものであろう。

122　　第 25 話　未登記の団体

2　権利能力のない社団が有する財産の登記や登録

　権利能力のない社団の要件を充たす団体への財産権の帰属の態様について、判例は、「権利能力のない社団の資産は構成員に総有的に帰属する」とする（最一判昭和 39 年 10 月 15 日前掲）。**総有**とは、構成員の持分を観念することができず、また、構成員が随意に分割請求をすることが認められない特殊な共有であり（最一判昭和 32 年 11 月 14 日民集 11 巻 12 号 1943 頁）、その登記は、「権利能力なき社団においては、その実質的権利者たる構成員全部の名を登記できない結果として、その代表者名義をもって不動産登記簿に登記するよりほかに方法がない」と考えられる（最一判昭和 39 年 10 月 15 日前掲）。一般に、不動産登記制度は、存在しない人を登記名義人とする登記が出来ることを嫌う。登記の実体的真正が害されることが著しいからである。登記名義人が法人である場合は法人登記を参照して、また、個人である場合は住民票などを確認して登記をする手順になっていることは、このためである（不動産登記令別表 28 の項添付情報欄ニ）。ところが、登記されていない団体は、これらの確認をする術がない。

　そこで、253 番の土地は、当時の代表者であった柳澤・菅野・高木の 3 名を登記名義人として所有権の登記をしたものであろう。船舶の登記も、同じように代表者である個人を登記名義人とするほかない。自動車は、やはり所有者は、社団を代表する個人で登録をするが、使用者の登録は、社団の名称ですることが認められる。使用者であっても、虚無人の名義になることが好ましくないことは異ならないが、権利変動の帰趨に関わる所有者の登録ほどには深刻でないからである。

3　権利能力のない社団をめぐる法律関係の変動

　とはいえ、代表者である個人を登記名義人として登記をすることは、便法にすぎない。それらの者らに財産管理を委ねていることが、根拠になっている。つまり、**委任**（正確には**準委任**）によるにとどまる。けっしてそれら個人の固有の財産であるという趣旨ではない。そこで、

代表者である職を解かれるならば、そのままに登記名義人をしておくことはできない。253番の登記名義人である柳澤・菅野・高木の3人は他界したから、委任は終了した（民法653条1号）。そして、衣川の自警団の現在の代の人たちが、あらためて今の代の柳澤・菅野の両名を代表者に選任する議決をするならば、彼らを登記名義人とする所有権の登記をする根拠が調う。この場合は、柳澤・菅野・高木の各先代→柳澤・菅野の今の代、の所有権の移転の登記をする。登記原因は、**委任の終了**である（最二判昭和47年6月2日民集26巻5号957頁、最一判平成26年2月27日民集68巻2号192頁、民事局長電報回答昭和41年4月18日民甲1126号・先例集追Ⅳ727頁）。

＊　　　＊　　　＊

「幼なじみですから、こんなことはしたくなかったですが、結局、高木君を相手に裁判をすることになりました。」

「被告は、原告に対し、委任の終了を原因とする所有権移転登記手続をせよ、という請求で訴えを提起したのね。」

「じつは、そこがまた問題です。先日、裁判所から、委任の終了というのがヘンなのではないか、むしろ真正な登記名義の回復に請求の趣旨を変更するように勧められました。」

微笑する悦子が応える。「司法試験で債権各論の勉強をした裁判官の頭では、なぜ委任で、なぜ終了か、ストンと落ちないのね。私も、そうだったわ。ある時までは。それは、裁判官が、この種の特殊な登記の手続に不勉強なだけ。こんなところに真名回復が出てくることは、おかしいわ。その裁判、私のほうで受任してあげてもよいわよ、きちんと裁判官に説明しますから。」

124　　第25話　未登記の団体

第26話

特別地方公共団体

「あと一つ御相談したい481番の土地は、こちらも道路用地にかかっているのですが、登記名義がヘンです。」

災害復興道路の買収予定用地になっている第25話の253番と共に481番の土地の相談をするために畑中弁護士を訪ねたのが、その市の衣川地区に住む柳澤と菅野の2氏である。

話を聴くと、たしかに見かけない登記名義であり、「大字衣川」となっている。いや、さらに正確に言うと、登記名義といっても、権利部が開設されておらず、表題部のみがある。だから、「大字衣川」は、それが表題部所有者である。

       *   *   *

「登記名義人や表題部所有者となることができる者は、法令に照らして考えますと、登記されている法人か、または住民票などで実在が確認される自然人に限られると理解していました。」

「そのとおりよ。あら、でも難しい言葉を御存知ね、自然人なんて。でも、私、あまり好きになれないわ。むかし、お役人が政治家に説明に行った際に用いたら、『なんだね、それは、未開の大陸の土人のことかね』と言われたそうよ。土人も差別のニュアンスのある言葉で良くないけれど。」

「で、大字衣川は、どのように考えたら宜しいものでしょうか。」

「たしかに、今から将来に向け、そのような登記を新しくすることは考えられないわ。でも、沿革から、大字とか字とかで登記されていることがあり、字持地とよばれます。」

第26話　特別地方公共団体　**125**

「それは、どういうものでしょうか。」

　読者の皆さんには、第7話のポツダム政令の話を想い起こしていただきたい。「そこが実体を調べないとわからないから、難しいところなのよね。すでに活動の実態がないとすると、ポツダム政令で解散させられた町内会である可能性もあるけれど、活動が続いている場合も、いろいろ。ひょっとすると財産区として登記することができるかもしれないわ。」

　「財産区？　なんですか、それ。」

　「ふつう団体は任意のもので所属するかどうかは人々の随意であると第25話で述べましたけれど、なかには必ず所属する団体もあるわ。私は東京都に住んでいるから、いやだとか好きだとかにかかわらず、東京都民よ。皆さんの市も、そうね。」

　「衣川地区は、もとは村でしたが、今は合併で市の一部です。」

　「そこの皆さんが持っている土地、ということが財産区の意味よ。市のみんなが持つものは市有地。これに対し、もっと小さな単位である集落のみんなが持つ土地ということが、財産区というものの考え方だわ。」

＊　　　＊　　　＊

1　財産区の概念

　財産区は、市町村の一部で財産を有するものである（地方自治法294条1項参照）。それを一つの地方公共団体として扱い、法人格を認める。市町村のような**普通地方公共団体**とは、様相が異なるから、**特別地方公共団体**であるとされる（同法1条の3第3項）。皆さんが住む市町村を思い浮かべてみよう。最も身近であるようにみえて、意外に大きい。隅々まで歩くのには大きすぎ、道を歩いていると、知らない人も多い。市町村より小さな単位で居住する住民という人的要素があり、市町村の一部であるという地域的要素があり、さらに所有する財産または管理する公の施設があるという財産的な要素（最二判昭和32年3月8日民集11巻3号502頁）が揃うと、それを財産区としてみる

126　第26話　特別地方公共団体

ことができる。市町村のほか、特別区の一部が財産区になることもある。歴史的には、「字」や「大字」とよばれてもきた。財産としては、山林や墓地を所有する。町村合併に際し町村の財産としてもよかったものであるが、あえてそうせず、旧来の慣行に従い住民が利用することを可能とするために財産区の制度がある。

なお、厳密にみると、市町村などの廃置分合や境界変更の場合の財産処分に関する協議に基づき市町村などの一部が財産を有することなどになるものも、財産区である（同法294条1項）。

特別地方公共団体といっても、財産区は、原則として固有の機関を有しない。ふつう、財産区が所在する市町村などの長や議会が運営に当たる（同法96条参照）。例外として、財産区の議会・総会・財産区管理会を設ける場合は、それらの機関が働く（同法295条以下）。

❷　字持地——登記名義人の表示の変更の登記

財産区が所有する土地が大字を所有権の登記名義人として登記されている場合において、その大字が昭和22年の地方自治法の施行により財産区となったとみられるときには、登記をそのままとしておいてもよい（民事局長回答昭和32年2月25日民甲372号・先例集追Ⅱ35頁）が、その財産区を代表する市町村長が、**登記名義人の名称についての変更の登記**を嘱託して、財産区の所有である旨の登記を実現することもできると考えられる（不動産登記法64条1項参照）。登記原因は、「昭和22年5月3日地方自治法の施行による名称変更」とすることが相当である。

❸　字持地——表題部所有者の表示の変更の登記

表題部所有者が大字や字として記録されて表題登記がされているにとどまる土地も、その大字が昭和22年の地方自治法の施行により財産区となったとみられる場合には、その財産区が現在の表題部所有者であると考えられるから、その財産区を代表する市町村長が、財産区

第26話　特別地方公共団体　**127**

の所有であることを明らかにするため、**表題部所有者の名称についての変更の登記**を嘱託することができる（不動産登記法31条参照）。相談の事例の481番の土地は、まず、この手続が考えられる。その手続により、「大字衣川」→「財産区衣川」の変更が登記される。

４　財産区を登記名義人とする所有権の登記

　もっとも、この場合において、単に表題部所有者の名称の変更の登記をするにとどめず、所有権の保存の登記をすることも考えられてよい。土地の所有権の保存の登記は、不動産登記法74条1項の各号のいずれかを根拠としてされる。この場合は、1号を根拠とする。たしかに、「大字衣川」と「財産区衣川」とは表記が異なるものの、法的人格は同一であり、権利義務関係は異ならない。そこで、「財産区の財産であることを証する情報」（後掲の参考文献）を提供して、上記登記の嘱託をすることができると解される。

＊　　　＊　　　＊

　「うーむ。だいたい御話はわかりましたが、"みんなの土地"ということが財産区の発想であるならば、第25話の253番の土地も、自警団の"みんなの土地"ではないのですか？」

　「"みんな"の意味がちがうわ。」

　「たしかに、いくら自警団といっても集落の人数に比べたら劣りますね。」

　「いえ、人数の多寡の問題ではないのよ。"みんな"というものの成り立ちといえばよいかしら。自警団は有志の集まりであり、各自が望んで加入したけれど、集落に住むことになれば必ず所属することになるのが、財産区よ。不動産登記制度は、さまざまな"みんな"がもつことを表現するのに、それぞれに工夫をしているのね。マンションを買えば自動的に区分所有者の団体に所属することになるし、そのみんなが所有することは、不動産登記法58条の『共用部分である旨の登記』により示されるわ。」

「市有地や県有地も、"みんなの土地"ですか？」

「そこまで行ったら、もっと大きなもの、思いつきません？」

　あっ、と叫び膝を打つ菅野に畑中弁護士、「ご名答！　その国有地についてもお話ししたいことがあるから、別の機会をお楽しみに。」

〔**参考**〕後藤浩平『認可地縁団体・記名共有地をめぐる実務Q＆A／認可申請手続と不動産登記手続』（日本加除出版、2016年）。

第27話

からっぽの相続

　介護タクシーの後部が開き、座席の昇降があって、畑中弁護士の事務所に導かれた初老の紳士、若村佳一郎は、かつて大学でフランス文学を講ずるかたわら、小説の翻訳もしていた。付き添ってきた絹代さんが、彼を見守る。高齢になっての骨折で、思うように快復せず、車椅子の暮らしになったものの、思考の衰えはない。むしろ絹代さんのほうが、このごろ物忘れが気になる。介護サービスの場で出会った2人の相談の案件は、絹代さんの問題であり、佳一郎は、そのエスコートである。

　「ということは、それは、フランス語で"からっぽの相続"というものですな」。相談が進んだところで、佳一郎が呟く。「やや軽薄な訳かもしれませんが、そういうことでしょう。国には、それぞれの文化というものがあり、専門的な法律用語でも文化の要素として根づいているものがあります。夫婦財産契約とするべきところを婚姻契約としたり、法人を意味する言葉を道徳的な人としたりする誤訳がされるのは、文化を理解する、という態度がないからで、最近の翻訳家は不勉強で困ります。あっ、余計なおしゃべりをしました。」

＊　　　＊　　　＊

絹代「私が管理している213番の土地の向こうには、市道を挟んで56番の土地があります。」道路を挟んで向かい合う土地を**対側地**とよぶ。絹代が語り始めたものである。

　「市道の整備をすることになり、私の土地と市有の部分との境界を確かめるという御話で、そのためにお訪ねいただいた土地家屋調査士

130　第27話　からっぽの相続

の先生が、困った、困った、と言っていて、私も本当に悲しくなりました。」

　絹代さんの話は、要領を得ないところもあるが、佳一郎の説明も聴きながら理解すると、56番の土地は、所有権の登記名義人が「亡永田早苗相続財産」として登記されている。道路の向こうとこちらとで町内会が異なっていて、ほとんど永田家とはつきあいがなく、56番の土地について誰と連絡をとればよいかわからない。たとえば道路幅員が4メートル要るという場合には、道路と56番、そして道路と213番の土地の両方の境界が決まらなければ、話が進まない。畑中弁護士の推測を聴こう。

　「それは、きっと永田さんに夫がいたとしても、その方が先になくなり、夫婦には子もいなくて、ほかに縁者もないことから、**相続人不存在**となり、その財産を管理するために相続財産管理人が家庭裁判所で選任されているものでしょうね。管理人には、しばしば弁護士とか司法書士が選任されます。私も今、その管理人の仕事を引き受けているものが3件あるわ。」

＊　　　＊　　　＊

1　相続人不存在の実体的理解

　だれが相続人になるかは、法律に定められている［☞ **第17話**］。定められている相続人が誰もいない、という事態が**相続人不存在**にほかならない。稀な事態であるという印象があるかもしれないが、これからは増えてくるにちがいない。すべての推定相続人が相続を放棄する場合も、相続人不存在となる（民法939条）。しかし、本当に相続人がいないかは、探してみなければわからない。その探す間にも、相続財産については、さまざまな管理の問題が起こりうる。そこで、ひとまず相続人があることが明らかでないということになると、相続の開始に伴い、**相続財産法人**が成立するとみなされる（民法951条）。相続財産は、この法人に帰属する。これは、相続財産が誰にも帰属しない空白が生ずることを避けるための論理の工夫である。そして、利害関

係人または検察官の請求を受けて、家庭裁判所が**相続財産の管理人**を選任する（同法 952 条）。相続財産管理人は、その主要な職務として、相続財産を管理し、相続債権者と受遺者がいる場合は、これらへの弁済をする（同法 953 条・27 条・957 条・929 条）。相続人の捜索をする公告（同法 958 条）などをしても、所定の期間内に相続人が現われないときに、残った相続財産は、国庫に帰属する（同法 959 条）。実際上、国は、相続財産管理人からの不動産など現物での引継ぎを嫌い、金銭または有価証券をもって清算後の残余財産を引き継ぐ、という実務上の扱いがされてきた。そこで相続財産管理人は、残余財産に不動産がある場合は、これを売却処分して換価し、得られた金銭を国庫に引き継ぐ。売却は、相続財産管理人の通常の権限では認められないから、民法 953 条による同法 28 条の準用により家庭裁判所の許可を得る。これを実務上、**権限外許可の審判**とよぶ。

❷　相続人不存在の登記上の処置

　相続財産のなかの不動産は、相続財産法人が成立した段階において、所有権の登記名義人の表示を変更する登記をし、「亡某相続財産」を登記名義人とする（不動産登記記録例 195）。その申請は、家庭裁判所の発する相続財産管理人選任書の記載から相続人不存在であること、および相続開始の日付がわかる場合は、これを添付情報とすればよい（民事局長通達昭和 39 年 2 月 28 日民甲 422 号・先例集追Ⅳ 21 頁）。その日付が登記原因日付となり、登記原因は「相続人不存在」となる。

　相続財産管理人による売却処分は、登記上は、同管理人と買主との共同の申請により、売買を原因とする所有権の移転の登記をして公示する。その申請の際、権限外許可の審判に係る審判書を添付する（民事局長回答昭和 43 年 4 月 27 日民甲 1328 号・先例集追Ⅳ 1360 頁参照）。

＊　　　　＊　　　　＊

　佳一郎「ということは、それは、フランス語で "からっぽの相続" というものですな。で、どうすればよいのですか。」

132　　第 27 話　からっぽの相続

畑中「この件は、むしろ登記簿から明確に相続人不存在であるとわかりますから、そんなに難しくありません。家庭裁判所が選任した管理人を調べることができますから、その人と連絡をとり、官民境界の確認に立ち会ってもらえばよいでしょう。私が抱えている管理人の案件なんか、もう10数年も続いているわ。売れない土地だとすると、管理人も困っているのじゃないかしら。」

佳一郎「フランスでは、誰のものにもならなければ公が引き受けることになっていますが。」

畑中「日本も民法959条がありますけど、実際は国は、これまでの取扱いですと、金銭になって初めて引継ぎに応じます。相続人不存在の実務上、売却して得られた代金を自己宛て小切手にしたものを引き取る扱いです。売れなければ引き取ってもらえず、それまで管理人としての仕事が続きますから、弁護士への報酬も出ていない状態が続きます。」

「ご苦労があるのですね。」

「むしろ困るのは、この事例でいうと、早苗さんがなくなっていて、その相続人がいるかもしれないので、その存否を調べなければならない、という場合です。そのためには、戸籍法10条の2に基づき、早苗さんの関係の戸籍の閲覧請求をしなければなりませんが、対側地の戸籍の情報提供に応ずるかどうかは、市町村によっても扱いが異なっていて、実務が安定していません。いまのところ問題なく境界の確認ができるのは、213番のほうですね。」

「じつは、そちらも、問題があります。境界確認の立会いをして意味があるのは、登記名義人になっている人ですよね。」

「どういうことですか。登記名義人は絹代さんではないのですか。」

〔参考〕夫婦財産契約を正しく訳している例には、モーリス・ルブラン「塔のうえで」『怪盗ルパン／謎の旅行者』（平岡敦訳、理論社、2016年）がある。戸籍の職務上請求について、 第21話 参照。

第27話　からっぽの相続　133

第 28 話

明治民法の相続

　老いて知り合った絹代と佳一郎のカップルが、目下、悩んでいるものが、 第27話 で登場した213番の土地である。このごろ上手に話をすることができなくなってきた絹代に代わり、佳一郎が話す。いろいろな人たちに聴いて欲しい、と望み、たまたま事務所を訪れた健太と志乃も同席する。

＊　　＊　　＊

　佳一郎「絹代さんが事実上管理しているのが213番の土地ですけど、登記は、ずっと戦前から彦左衛門さんになっていて、そうすると彦左衛門さんの相続人に返さなければならないのかしら、と絹代さんが案じています。絹代さんの両親である幸さんと忠信さんは、昭和42年に同じ交通事故でなくなりましたが、二人が結婚した時の記念に植えた木があって、絹代さんは、できれば手放したくないと思っています。」

　健太「時効取得が主張できそうですね。」

　佳一郎「幸さんのお母さんはトキさんといって、男の兄弟がいなかったものですから、トキさんが家を継ぎました。最初に来たお婿さんの甚五郎さんとの間に生まれたのが、幸さんです。でも、甚五郎さんは早くになくなって、そのあとに彦左衛門という人を婿に迎え、この家の主としました。トキさんとの間は子に恵まれませんでしたが、お幸さんとの間に生まれた慶子さんという人を認知し、しぶしぶ認めてくれたトキさんの諒解を得て、お二人の家に入籍しました。そのうえ、彦左衛門さんは、別に愛人もつくって、その間に京太郎という子

134　第28話　明治民法の相続

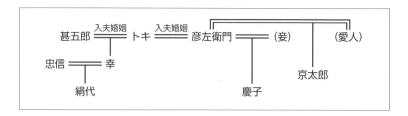

がいるという話も聞きました。」

「ずいぶん、忙しい人だけど、生きてるの?」

「トキさんが昭和17年に、彦左衛門さんが昭和19年に、いずれも病気でなくなりました。」

志乃「結局、213番の土地は、配偶者の彦左衛門に行き、そのあと子である慶子さんと京太郎さんが共同相続したから、絹代さんは二人に土地を返さなければならない、ということになってしまうのでしょうか。」

畑中「そこがそうでもないのよ。戦前の相続だから。」

*　　*　　*

1　家督相続

　明治31年法律第9号により民法が創設した相続制度は、**家督相続**を基本とするものである。家督相続は、**戸主**が有する財産を新しい戸主が包括的に承継する(民法旧規定986条参照。これからは、旧986条のように記す)。数代にわたり相続による登記がされていないため所有者の所在を把握しにくくなっている土地は、戦前に開始した相続が介在する場合は、**旧法相続**の規定に従って現在の所有者を見定めることが要請される。司法書士など専門知識を有する者の支援が有益であり、それだけに「旧相続法は司法書士にとっての現行法」である(後記の文献)。

2　トキ——女戸主

　戸主は、原則として男がなる。トキが生まれた家のように、男児が

いなければ、女が戸主になることがある。**女戸主**という。家にとどまったまま女戸主がする婚姻が**入夫婚姻**であり、設例では甚五郎が最初の入夫婚姻をした。ひきつづきトキが戸主であるということは、「女戸主カ入夫婚姻ヲ為シタルトキハ入夫ハ其家ノ戸主ト為ル但当事者カ婚姻ノ当時反対ノ意思ヲ表示シタルトキハ此限ニ在ラス」(旧736条) のただし書が適用されたとみられる。

❸ 彦左衛門──入夫婚姻

これに対し、入夫婚姻をし、さらにこれに伴い戸主になったとみられる者が、彦左衛門である。彦左衛門は、**家督相続人**として、戸主であったトキの家督を相続することとなる (旧971条・旧736条) から、これにより213番の土地を彦左衛門が取得し、これを反映する登記がされたものであろう。では、彦左衛門の病没により家督相続をする者が誰であるか。

❹ 慶子──嫡母庶子関係

まず、慶子は、家督相続人になる可能性がある者の一人である。彦左衛門の子であるから。とはいえ、可能性がある、というにとどまる。今日の共同相続と大きく感覚が異なることとして、他に可能性がある者がいる場合は優劣を論じたうえで、勝つならば全てを取得し、敗れれば全てを逸する。じつはライバルとして、幸がいる。どうして彦左衛門の実子でない幸が相続人となるか、それは、後述❻で明らかにしよう。戦前の家族制度においては、養子でも実子でもないのに親子関係が認められる事態がある、ということを心得ておかなければならない。それは、つまるところ**家**の観念と関わる。

「家族ノ庶子及ヒ私生子ハ戸主ノ同意アルニ非サレハ其家ニ入ルコトヲ得ス」(旧735条) とされるが、設例では彦左衛門が慶子を認知し、かつ、その家に入籍したとされるから、この手順を経て、家に入ったとみられる。慶子は、これによって、トキとの間の母子関係が形成さ

136　第28話　明治民法の相続

れる（旧728条、**嫡母庶子関係**）。ただし、慶子は、嫡出子ではない。父が認知した私生子は、**庶子**とよばれる（旧827条2項）。庶子である慶子には、実母もおり、それと区別してトキは**嫡母**の概念で把握される。

5 京太郎――私生子

ライバルを一人、除いておこう。話からして、京太郎は、彦左衛門が認知しておらず、トキの家にも入っていない。認知されていない**私生子**であり（旧827条1項参照）、トキから彦左衛門が承継した家の家督相続人になることはない。

6 幸――継親子関係

「継父母ト継子ト又嫡母ト庶子トノ間ニ於テハ親子間ニ於ケルト同一ノ親族関係ヲ生ス」る（旧728条）とされる。彦左衛門の入夫婚姻に伴い、彼と幸とは、継父と**継子**の関係になり、これにより幸は、彦左衛門の嫡出子である身分を取得する。

7 家督相続人となる順位

家督相続人になる者の第一の順位は、「被相続人ノ家族タル直系卑属」である（旧970条1項柱書）。家族（＝家を同じくする者）でない京太郎は、これに当たらない。残るのは、幸と慶子である。繰り返し述べると、家督相続の世界は、勝つか負けるか、であり、あいうちとなって共同相続になることはない。「親等ノ異ナリタル者ノ間ニ在リテハ其近キ者ヲ先ニス」（同項1号）、そして「親等ノ同シキ者ノ間ニ在リテハ男ヲ先ニス」（同項2号）というルールは用意されているものの、幸と慶子はずれも彦左衛門と一親等の女であり、結着が得られない。いわば延長戦で次のルールを参照しよう。「親等ノ同シキ男又ハ女ノ間ニ在リテハ嫡出子ヲ先ニス」とされ（同項3号）、結着をもたらすものは、これにほかならない。嫡出子である幸が、庶子である

慶子に優る。彦左衛門の戦前の病没により家督相続人となる幸が213番の土地を取得した。幸の相続は、現在の民法が適用され、その推定相続人は、夫の忠信と子の絹代である（民法890条・887条1項、子は絹代のみであるとみられる）。しかし、忠信は幸と同死であるから、両者間に相続は生じない。結局、絹代が、現在、213番の土地を単独で所有する。

*　　*　　*

健太「驚いたなあ、結局、絹代さんは土地を返さなくてよいんだね。なんか、手品みたいだな。」

「こんな不自然なことになるのは、戦前の権威的な家族制度のためよ。たまたま絹代さんへの代々は女系家族だけれど、それは家を守ることがねらい。家は、基本は男性優位。この事例は、いわば男優位のネガとして女系になっているわ。その時代、『家族のだんらんなどなかった。支配と服従の家族関係の中に、序列が厳然とあった。誰もが孤独で、幸せでいられないのが家制度だった』と先日、田中須美子さんという人が新聞のインタビューで述べていたわ。」

〔参考〕本文で引用する文献は、末光祐一「旧民法に基づく相続事例あれこれ(1)相続法制の変遷」月報司法書士525号（2015年11月号）71頁。新聞は、中日新聞2017年3月4日附。末光『事例でわかる／戦前・戦後の新旧民法が交差する相続に関する法律と実務』（2017年）。

「一家の主……といえば、今も昔も男性のイメージが強い。江戸時代の村でも書面や帳簿に家の代表者として書かれるのは、ほとんどが男性の名前である。女性の名前もあるが、父親や夫が亡くなるなどで……その後、息子などが成長するまでの一時期である場合が多い。とはいえ、長きにわたり、たくましくその務めを果たし、能力を認められていた女性もいた」（千葉真由美「村人の歴史学／女性当主──なつは一人で家を守り抜いた」朝日新聞2017年5月20日週末be）。これは、江戸期の話であるが、トキもまた、そのような明治の女性の一人であったものであろう。

138　　第28話　明治民法の相続

第29話

火を噴く機銃

　東北地方には銘酒が多い。岩手には南部美人があり、津波が襲った釜石には浜千鳥がある。なかなか手に入らない田酒は、青森である。それから……きりがないから、これくらいにしよう。この日、畑中弁護士を訪ねてきたのは、そんなふうに地域で醸造業を営む会社の役員である。事業を拡張するため、工場と倉庫を建てようとして適地を見つけたものの、その土地の登記名義人が地権者の祖父のままになっていて、困っている。その祖父は、太郎助といった。太郎助の子が敬吉であるが、両人とも他界している。敬吉には卓也とその妹の景子という二人の存命の子がおり、そのうちの景子さんが、現在、その土地を管理している。が、手放してもよいということで、景子さんとの売買の交渉がまとまっている。卓也は土地について権利を主張するつもりがないと言っており、そうであれば話は難しくないように映る。太郎助→敬吉→景子という権利変動が相続により生じており、このとおり相続による所有権の移転の登記をするならば、景子が所有権の登記名義人となり、その景子と依頼企業の共同申請により売買による所有権の移転の登記をすればよい。しかし、どうもそう簡単ではないらしい。

＊　　　＊　　　＊

　「私もそのように簡単に行くと思っていましたが、いろいろ法務局の方が難しいことをおっしゃって、よくわからず、ご相談にきました。」

　「太郎助さんと敬吉さんがなくなったのは、それぞれいつですか。」

　「太郎助さんは、北海道から来た方であり、昭和42年9月10日になくなりました。敬吉さんは、平成12年でしたでしょうか。どち

らも、おなくなりになった時には奥さんに先立たれています。」

「子は、名前が挙がった方たちのみですか。」

「敬吉さんの子はお話しした兄妹のみです。敬吉さんは、太郎助さんとその後妻の間に生まれた一人っ子です。」

「先妻との間に子は、いませんか。」

「娘さんが一人、当時は日本であったサハリンに住む人に嫁ぎましたが、終戦の際にソ連軍の機銃掃射でなくなったと聞きます。でも、家を継いだのは敬吉さんですから、関係ないでしょう。」

「戦後の相続ですから、今の民法が適用され、そうはいきません。たぶん、うまく進まないのは、そこですね。サハリンに転籍した人の生死は、戸籍で証明ができませんから。」

＊　　　＊　　　＊

1　相続による所有権の移転の登記

相続による権利変動を公示する登記は、登記義務者が存命でないから、共同申請ができない。登記権利者である相続人が単独申請する（不動産登記法63条2項）が、それでは申請人が本当に相続人であるか、また、そのほかに相続人がいないか、を確認することができない。そこで、**公務員が職務上作成した情報**を添付し、それにより相続人であることを明らかにして申請する（不動産登記令別表22の項添付情報欄）。

2　公務員が職務上作成する情報とは

この添付情報の実態は、ほとんどの場合において、**戸籍に関する証明書**である。畑中弁護士が相談を受けた事案も、太郎助の先妻の話さえなければ、太郎助の相続人が敬吉であり、敬吉の相続人が兄妹であるところまでは戸籍により明らかになる。しかし、先妻との間に太郎助の娘がいたとなれば、話は異なる。その娘の生死、そして、娘に子がいなかったか、ということが問われる。これらも、通常の事案であれば、戸籍でわかるが、この件はそうはいかない。戸籍が存在しないから。

140　第29話　火を噴く機銃

❸ 外務省の旧樺太戸籍証明の事務

　歴史を辿ると、当時のサハリンにおいて、日本による戸籍の事務が行なわれていた。そこで用いられた戸籍簿は、終戦時の混乱で失われ、今日、存在しない。6つの村を除いては。

　外務省のウェブサイトで、外務省→海外渡航・滞在→届出・証明→旧樺太戸籍証明、と進むと、その6つの村を知ることができる。そこで用いられていた戸籍簿および除籍簿は、あわせて44冊が、奇跡的にサハリンから持ち出され、現在、外務省が保管している。それらは、現在の法制上、戸籍簿として扱われてはおらず、行政文書として外務省が事実上保管してきた。そこで、戸籍に記載されている者の親族などは、**旧樺太戸籍証明の事務**として外務省に対し開示を求めて照会をすることができる。存在している文書は、請求に応じて開示され、また、文書が存在していないときは、その旨の回答が文書で与えられる。

❹ 旧樺太戸籍が関連する相続による登記の手続

　この手続により太郎助の娘が死亡しており、その娘に子がないことが明らかになれば、敬吉が太郎助の唯一の相続人である。外務省が開示した文書について、その性質を証明する旨の外務省が与える情報が、公務員職務上作成情報となる。

　これに対し、外務省が、戸籍簿・除籍簿が保管されていない旨を回答する場合は、その回答の情報は、たしかに公務員が職務上作成したものであるが、相続人を明らかにすることに役立たない。そして、その場合の扱いを定める法令の規定はない。不動産登記の手続上、法令が想定しない事態である。そこで、**旧樺太戸籍**が関連する事案は、便宜、知れている推定相続人らが、他に相続人がいないことを申述する情報を登記官に提供するならば、申述のとおり他に相続人がいないものとする前提で登記申請が審査される。

　畑中弁護士が相談を受けた事案は、これらのいずれかの経過を辿り、太郎助の娘やその代襲者が相続人としていない、という前提に立って

第29話　火を噴く機銃　141

よいということになるならば、太郎助→景子の所有権の移転の登記を申請することに見通しが得られる。登記原因とその日付は、「昭和42年9月10日敬吉相続、平成12年○月△日相続」となる。

＊　　　＊　　　＊

　事件を受任して事件処理を終えた畑中弁護士が報告する。「太郎助さんの娘さんは、旧樺太の方に嫁ぎ、これに伴い、上恵須取という地（クラスノポリエ）を管轄していた役所の戸籍に記載されました。そこまでは、日本に残っている戸籍の記載などからわかりました。しかし、その地は、外務省が保管をしている6つの村に当たりません。」

　「では、生死やそのほかのことがわからない、ということになりますか。」

　「そうです。そこで、景子さんと卓也さんに、他に相続人がいないという申述書を作成してもらって、二人の記名と、実印の押捺をもらいました。それに二人の印鑑証明、念のため外務省の"ない旨"証明、そして、二人の遺産分割協議書を添付して申請し、先日、無事、景子さんを登記名義人にする手続が終わりました。」

　「兄妹が自分らのみが相続人である、と述べると、そのようになる、という御話のようですが、それでよいのですか。」

　「たしかに、自己申述証明にすぎませんから、確度という点で問題は残ります。ほかに方法がなく、便宜、とられている方法にすぎません。法務省は、2016年の震災5年目の日、この種の証明を一般的に不要とする通達を出しました。その文言は、外務省保管の文書が戸籍でない単なる行政文書であるからには、厳密に解釈するとサハリンの問題には及びませんが、趣旨としては、同じように考えるべきでしょうね。今後、課題とされてよいことです。」

〔参考〕畑中弁護士が指摘する3月11日の通達は、第21話参照。桜木紫乃『凍原／北海道警釧路方面本部刑事第一課・松崎比呂』（小学館文庫、2012）が、機銃掃射の凄惨を描く。方面本部というものがあることが、北

142　第29話　火を噴く機銃

海道の特色。似た特徴は検察も。その検察の話は、第31話においてご案内する機会を期したい。

第29話　火を噴く機銃　143

第30話

鉄路、北の大地へ

　在来線という言葉が意味をもつのは、高速鉄道があるからである。たとえば、四国には高速鉄道がない。震災の年に九州新幹線の本格的な運用が始まるまで、高速鉄道は、おもに本州の交通手段にすぎなかった。

　それが今度は、北へ延びることになる。まるで夢のような話である。とはいえ、着工までには、まだまだ困難が多い。その一つが用地取得であり、東京は紫波坂を下ったところにある弁護士畑中悦子の事務所に西日が射す刻限に訪ねてきた2人の目下の懸案である。一人は、鉄道を建設する事業者の担当者であり、畑中弁護士の子息である健太がこれに同伴する。健太は、大手の不動産事業会社に勤めており、新しく通す鉄道の沿線開発に携わることになった。

＊　　　＊　　　＊

　鉄道建設事業の担当者「地図をごらんいただけますか。本州からの海底トンネルを出て、すこし行ったところの建設予定地の62番から始まる一連の土地ですが、およそ50数筆あり、直進する鉄道の予定地を塞ぐ格好になります。すべての筆の登記事項証明書をとりまして（と、ファイルには綴じ切れない、見た目で20センチほどの厚さがある書類の束を示しながら）見てみますと、多人数の登記名義人の共有になっている土地があるほか、戦前からずっと登記がされていない土地も多いですから、登記名義人の大半は存命でないことを覚悟しなければなりません。まだ調査がすべて終わってはいませんから、精密な数ではありませんが、現在の相続人の数は、おおよそ800人から900

人ほど、という勘定です。4桁になってもらっては困る、と祈るような気持ちです。人数が多いということだけでなく、現住所がわからない人がおり、外国の方と結婚して海外で居住している方もいます。こんなにたくさんの人たちのハンコを全部集めなければならないとしたら、とても来年の着工にはまにあいません。」

　一気に話し、コーヒーで一休みの担当者に対し、畑中弁護士「えい、やっ、と行けばよいのでしょう。」

　「と、いいますと……」

　「つまり、一気に皆さんの法人を登記名義人とする登記ができればよいのでしょう。」

　健太「そんなこと、できるの？」

　「現状の登記名義人から、いったん団体を登記名義人とする登記をし、その団体が鉄道事業に売ったという所有権の移転の登記をするの。その団体のものにするところを、えい、やっ、と言ったのだけれど、条件が調えばできないことはないわ。」

　「団体、と言いますと、組合のようなものですか。この場所には、あいにく農協も漁協もありません。」

　「地域の人々の集まり、という意味の団体です。ほら、この条文を読んでくださる？」

　「ええっと、ニンカチエンダンタイですか。」

＊　　　＊　　　＊

❶　認可地縁団体とは

　町または字の区域など市町村内の一定の区域に住所を有する者の地縁に基づいて形成された団体が、**地縁による団体**である（地方自治法260条の2第1項）。それは、法人ではない。したがって、この団体が不動産を所有していても、登記名義人になることができない。これが原則である。が、不便に感じられる。そこで、市町村長の認可を受けたときは、登記名義人になることが許される。その認可には、要件があり、地域社会の維持・形成に資する地域的な共同活動を行なうこと

第30話　鉄路、北の大地へ　　145

を目的とし、現にその活動をしていて、その区域が、住民にとって客観的に明らかなものとして定められており、また、区域に住所を有するすべての個人が、構成員となることができ、実際にも相当数の者が現に構成員となっていて、規約を定めていることを要する（同条2項）。この認可を得た団体が、**認可地縁団体**である。認可地縁団体が初めから登記名義人になる場合は、その登記をすればよい。

2　認可地縁団体を登記名義人とする準備

　構成員である個人が登記名義人または表題部所有者になっている場合は、手順が要る（同法260条の38）。認可地縁団体から市町村長に対し、疎明資料を添え、公告の手続を求める旨の申請をする。疎明しなければならない事項は、①その不動産を認可地縁団体が所有していること、②その不動産を認可地縁団体が10年以上、所有の意思をもって平穏かつ公然と占有していること、③その不動産の表題部所有者または所有権の登記名義人の全員がその認可地縁団体の構成員であり、または構成員であった者であること、そして、④それらの者またはその相続人の全部または一部の所在が知れないことである。これを受け、市町村長は、3月以上の期間を定めて公告をする。これに対し異議が出されなかった場合は、④の者らが認可地縁団体を登記名義人とする所有権の保存または移転の登記を承諾したものとみなされる。そして市町村長は、公告をしたが異議がなかった旨を証する情報（次述**3**において市町村長証明情報という）を認可地縁団体に与える。

3　認可地縁団体を登記名義人とする登記の手続

　実体的に認可地縁団体が所有する不動産の表題部所有者が、その構成員である（あった）多数の個人である場合において、認可地縁団体は、市町村長証明情報を添付して、団体を登記名義人とする所有権の保存の登記を申請することができる（同法260条の39第1項）。不動産登記法74条1項の特例となる。また、その不動産に係る所有権の

146　第30話　鉄路、北の大地へ

登記名義人が構成員である（あった）個人である場合は、市町村長証明情報を添付して、団体を登記名義人とする所有権の移転の登記を申請することができる（地方自治法260条の39第2項）。不動産登記法60条の特例となる。登記原因は「委任の終了」であり、市町村長の認可の日をその日付とする（民事局長通達平成27年2月26日民二124号）。

＊　　　＊　　　＊

「なんか、うれしいです。見通しが明るくなってきました。あっ、忘れるところでしたけれど、これ、六花亭のお菓子です、召し上がっていただけますか。」

「わあ、これ昔からの好物よ。」

「来月には地元の法務局との間で打合せがあります。できれば正式に先生に依頼をしたうえで、打合せに同席をいただけないでしょうか。」

「受任はさせていただきます。でも、来月は東京を離れられなくて、現地に行くのは無理ですわ。」

「残念ですね。でも、明治に開拓使が赴いて以来の快挙です。登記制度も、設計山（もっけいやま）に三角点を設けてからの労苦を思わないではいられません。この高速鉄道は、ゆくゆくは東部に延伸し、水後（みなしり）までつなげる、という構想もありますから、ひきつづき御指導ください。」

悦子「……」

鉄道事業者の人が辞去し、残った健太が少し困った表情で「来月は、たしか10日の十和田簡裁の事件で『はやて』の切符をとらなければならない、と言っていたよね。その前後に足を延ばすことはできそうにも思うけど？」

「私が行くのは、青森までよ。」

「答えたくなければ無理に、とは言わないけれど、いったい、水後で何があったの？」

〔参考〕認可地縁団体の登記手続について、**第26話**に掲げる参考文献。

第30話　鉄路、北の大地へ　**147**

第31話

登記簿を持ち返った男

1 平成2年

2人が知り合った場所は、北海道。平成2年のことである。2人とは、村木健一郎と畑中悦子。

健一郎は、本籍が函館市。悦子と出会った時、訟務検事であった。検察官というと、犯罪の捜査と公判維持が仕事であるという印象が強く、法科大学院の学生にも、検事志望だから民法や民事訴訟法は最低点が得られればいい、などと思い込む者がいる。しかし、そうでもない。民事訴訟である人事訴訟で一定の場合に当事者となることがあり、また、無差別大量殺人を犯した宗教法人の解散を裁判所に請求したのも検察官である。フランス語で検察官を示す言葉は、直訳すると、一般の（利益の）弁護人、というものであった。日本の法制にも類似の思考がみられ、検察庁法4条が「公益の代表者」とすることは、同じ発想である。さらに、検察官のなかには、検察庁でなく法務局・地方法務局に勤め、国を当事者とする訴訟において法務大臣の主張すべきことを法廷で述べる仕事をする者もいる（国の利害に関係のある訴訟についての法務大臣の権限等に関する法律1条参照）。それが訟務検事である。寸暇を見出し、登記や供託など関心を抱いた業務について資料庫で調べものをすることができ、生来の勉強好きな健一郎にとって、法務局は心地良い職場である。

畑中悦子は……と述べて紹介する必要はないかもしれない。この物語の主人公の弁護士である。昭和63年に札幌の二条市場法律事務所

で弁護士の仕事を始め、まだ2年余が経ったばかりであった。その事務所を選んだのは、修習が札幌であったこともあるけれど、なんといっても、ボスの高村駿介のもとで仕事をしてみたいと考えたことが大きい。民事のみならず刑事の事件も、そして大きな企業の顧問を厭わない半面、人々が持ち込んでくる日常の事件も丁寧に処する姿勢に、ここなら勉強になる、という見定めがあった。

＊　　　＊　　　＊

「南クリルの登記簿が、どうなっているか、ご存知ですか？」

「あの、南クリルって、そもそも……」

「たしかに、まずはその言葉が問題ですね。登記簿のことを尋ねる形で、しかし実は南クリルという言葉の知識を問う、意地悪な訊き方というか、さながら誤導尋問というあたりでしょうか。（声色を法廷の裁判官風に改め）検察官は、尋問に注意してください、とか、叱られてしまいますね。」

思わず吹き出しながら悦子が、「どこかで聞いた地名のような気がするけれど……」

（声色を法廷の検察官風に改め）「裁判長、失礼しました。では、尋ね方を改めます。北方四島とは、何と何をいうか、ご存知ですか？」

「ええっと、クナシリ、エトロフ、あと、それからシコタン、もう一つ、たしかハマ……」

「歯舞です。こうして四つのそれぞれの名前をよんであげたほうがよい、とボクは思うのですね。北方領土とか北方四島としてしまうと、話が抽象化されて遠いところのことのように聞こえます。返還交渉の政府の責任者ですら、島々の名前を全部述べることができなかったり、漢字を知らなかったり、あるいは漢字を読むことができなかったりすることがありました。でも、なぜ北方領土という言い方になったか。北方とは、日本を中心に置き、その北という感覚でしょう。ソ連からみれば、北ではなく南ないし南東の果てです。ロシア語で千島列島はクリル。その南部が問題の四島です。じつは日本政府の文書も、戦後

第31話　登記簿を持ち返った男　149

初期は南千島とよんでいたことがあります。しかし、それでは呼び方自体で既に向こうの言い分を認めてしまっている雰囲気になるでしょう。そこで、北方領土という無機質な表現が用いられることになったのです。」

「おもしろいわ。ようやく御話に追いつきました。今度こそ、誤導尋問でなく、そこの登記簿がどうなっているか、教えてくださるかしら。」

　　　　　　　　　　＊　　　＊　　　＊

1　北方地域の概念

　北方領土の不動産登記、という問題を考える前に、いささか北方領土とは何か、を考察しておこう。健一郎が悦子に説明したとおり、歯舞群島、色丹島、国後島、そして択捉島が、これに当たる。日本の内国法令上は、これらの地域を**北方地域**とよぶ（北方領土問題等の解決の促進のための特別措置に関する法律2条1項）から、ここでも、この呼称を用いてゆこう（後述**5**・**6**において同法を単に特別措置法とよぶ）。これらのうち、歯舞群島のみ、やや特殊な問題がある。行政区画として見たとき、歯舞群島は、かつて歯舞村であった。のちに歯舞村は、合併により根室市の一部となる。したがって、法的に見ると、根室市の一部がロシアに占拠され、日本の施政権が及んでいない状態であると理解される。北方領土問題等の解決の促進のための特別措置に関する法律2条2項が、北方地域の近傍にあって日本の施政のもとにある**北方領土隣接地域**を定義する際、別海町、標津町、中標津町や羅臼町を挙げるなかで、根室市のみは「歯舞群島の区域を除く」という括弧書を添える理由は、歯舞群島が、根室市の一部でありながら、北方地域に含まれるからにほかならない。

2　北方地域の不動産登記の問題を考える際の論点の整理

　1945年8月15日、日本政府は、連合国が発した共同宣言、いわゆるポツダム宣言の受諾を表明し、これを境に日本の武力による組織的

な戦闘行動が終息する。この日、北方地域に所在する甲土地を所有していた者を想像してみよう。甲土地は、現在において誰の所有に属すると考えられるか、つまり**北方地域の土地の所有の実体関係はどのように考えられるか**が、まず問われる（次述**3**）。そのうえで、甲土地など**北方地域の土地の登記はどのような扱いになっているか**も、問題となる（後述**4**）。ところで、考えてみれば、1945 年から既に 70 年余を経る。甲土地を当時に所有していた者は、存命でないのではないか。誰が相続するか、**北方地域の土地を所有していた者について生ずる相続の法律関係はどのように考えられるか**を考えなければならない（後述**5**）。そして、それを的確に公的に証明するうえで、**北方地域の土地を所有していた者の戸籍はどのような扱いになっているか**も、気になる（後述**6**）。

3 土地の実体的帰属関係の理解

北方地域の土地の所有の実体関係が、どのように考えられるかを問うならば、北方地域に土地を所有していた者は、そこに日本の施政権が及ばない状態が長期にわたり続くとしても、その事情のみにより「所有権は、消滅しているものではない」ものと考えるべきである（内閣衆質 169-489 号平成 20 年 6 月 17 日「衆議院議員河村たかし君提出北方領土の旧島民の権利に関する質問に対する答弁書」）。

もっとも、ひきつづき日本の民法が適用されると考える前提で、ロシアの人々が現実に土地を使用していることが同法 162 条の取得時効の関連でどのような評価を受けるか、は難しい問題である。また、この種の問題の難しさを意識しつつ、現実に日本の施政権が回復される場合には、ロシアとの条約において措置が講じられることになるかもしれないから、その際は、その内容に留意しなければならない。

4 土地の権利関係の公示

北方地域に所在する不動産に係る登記の事務は、それ自体は、現在、

行なわれていない。それは、登記簿がないからではない。

「土地登記簿 182 冊、8,276 筆、建物登記簿 76 冊、1,922 個、土地台帳 66 冊、12,453 筆、家屋台帳 35 冊、4,605 個、が釧路地方法務局根室支局に保管されている。これは、昭和 20 年 9 月 4 日国後島の泊出張所長長浜清氏が、また、同年 7 月初旬根室区裁判所の佐藤祐悦氏が旧ソ連軍から守るため、英断によって漁船をチャーターして緊急避難的に根室区裁判所に引き揚げたものである」（松尾英夫「北方領土地域における不動産登記事務の取扱い（昭 45）」『民事法務行政の歴史と今後の課題』〔上巻、2003 年〕148 頁）。

この事実を前提として、**北方地域の土地の登記は、どのような扱いになっているか**、その現状を観察してみよう。

土地や建物の権利関係の公示は、その対象となる不動産の同一性が確実なものであることが前提となって、はじめて成り立つ。この前提を登記官の実地調査（不動産登記法 29 条・25 条 11 号）によって確保することができる、ということは、けっして表示に関する登記に限られたものではなく、権利に関する登記を意味あらしめるためにも、重要である。釧路地方法務局根室支局に保管されている上記の簿冊は、電子化されていないことはもちろん、その内容も、地積や床面積がメートル法ではなく、尺貫法で表示されているままであるなどしている。

日本の領土でありながら、登記官が実効的に実地調査を行なうことができないという場面は、通常は考えられない。東京電力福島第一原子力発電所の事故の後しばらくの間この状態に至ったことがあるが、それ以外で大きな問題があるとすれば、それが北方地域である。

釧路地方法務局根室支局において保管されている上記の簿冊に係る現在の扱いとして、登記の事務そのものは、行なわれていない。そして、所有権の登記名義人に関して、相続関係を明確にしておく事務のみが、暫定の取扱いとして行なわれている（民事局長指示昭和 45 年 4 月 10 日民甲 1329 号）。

すなわち、所有権を相続により取得した者は、相続を証する書面を

提出して相続の申出をする。相続を証する書面は、登記上の住所が戸籍上の本籍と一致する場合は、戸籍に係る証明で済む。本籍と異なるときは、住民票の写しや戸籍の附票の写しを添付して登記名義人と被相続人が同一であることを証明する。さらに、北方領土問題の複雑な時間的経緯から、それもかなわないことがありうるから、その場合は、独立行政法人北方領土問題対策協会に同一の者であることの証明を求め、その旨の証明書の発行を受け、これを添付することを要する。この法人は、北方地域に生活の本拠を有していた人々に対し援護を行なうことなどの事業を営むものである。また、遺産分割により定まった帰属を申し出る場合は、遺産分割協議書を提出しなければならない。

　こうして適式の申出がされる場合は、登記官において、相続関係用紙を調製し、それを当該の不動産の登記簿の甲区用紙の次に編綴する（また、登記簿が存在しないものであるときは、台帳用紙の次に編綴する）。甲区用紙とは、電子化されている登記簿の登記記録の権利部甲区に相当する。相続関係用紙は、その中味が、どのようになっているか。それは、地番または家屋番号を記す欄のほか、順位番号欄と事項欄が設けられる。しかし、順位番号といっても、通常の相続の登記でなく、あくまでも、さしあたり相続の権利関係を明らかにする暫定の事務であるから、不動産登記法の通則にいう権利の優劣を決める順位番号ではなく、事実として相続が起こった順序を確認する意義をもつにすぎない。重要であるものは、事項欄であり、「年月日受付北領第何号」で起こし、「年月日相続（被相続人某）」、「相続人某」、「相続分何分の何」などの振合いで相続の法律関係を明らかにする。

5　人の問題──相続の実体的関係の理解

　北方地域の土地を所有していた者といっても、いろいろな人がいる。たとえば東京に住所も本籍も有する者が北方地域に土地を所有していたからといって、その者の身分関係をめぐる実体関係について、戦後、とくに問題が起こるということはない。考えなければならない人たち

の範囲を画することとしよう。特別措置法2条3項は、昭和20年8月15日当時、北方地域に生活の本拠を有していた者、それからその人たちの子で同日後に北方地域において出生したもの、さらにそれらの者らの子および孫に当たる人々を「北方地域元居住者」とよぶ。

　この**北方地域元居住者について開始する相続の実体関係は、どのように考えられるか**ということが、じつは、あまり論じられていない。北方地域に関する登記や北方地域元居住者の戸籍のことは、論議の対象になっているのに、である。この状況について、民法実体法学の責任は、免れないというべきであろう。登記や戸籍の問題を民法学は、あまり熱心に考究しようとしない。まれに熱意をもって研究する者がいると、あの方は少し変わり者ですから、と言われる始末である。この領域を民法学は、法務省事務官僚に放り投げてきた。そのツケは、登記の前提となる物権帰属の実体的理解、戸籍の前提となる身分関係の実体的理解の貧しさを招く。どうしたって法務局の事務に携わる人々の関心は、手続のほうが中心になるから。

　もっとも、北方地域元居住者の相続関係がどうなるか、が論じられていないことを問題視すること自体がおかしい、という見方もあるかもしれない。北方地域元居住者の日本国籍が否定されるはずはないから、その人々に日本の民法の適用があることは当然であり（法の適用に関する通則法36条）、ことさらに論じられない理由は、それが自明であるから、という言い分であろう。おそらく結論は、それが正当である。ただし、自明ではないか、と問われるならば、そんなに話は単純ではない。

　この問題の現実的な実質は、北方地域元居住者について戦後に開始する相続に疑念なく新しい民法の相続制度（家督相続制を廃して均分相続制に移行した相続制度）が本邦一般と異なることのないカレンダーで適用されたか、ということにほかならない。いったん、北から南に眼を転じよう。ほぼ類似の構図の問題状況に直面した南西諸島については、戦後しばらくの時期、明治民法により処されてきた現実の経緯

154　第31話　登記簿を持ち返った男

がある。たしかに、米軍治下の法令体系の錯綜という複雑な事情が
あったことは、北方領土の問題と大きく異なる。しかし、なお厳しく
述べるならば、琉球政府治下でない地域についても、新民法が素直に
適用されなかった局面があり（第28話に掲げる参考文献の233頁以下が、
北緯30度以南の南西諸島の本邦領土に関わる土地ないし人に係る相続の実
体的規律の適用関係の錯綜した経緯を描く）、その説明は、どうなされる
か。この不可解な経緯の批判的検証は、今後、法制史学に期待するほ
かない。

　話を北方地域に戻そう。領土が不法占拠されつづけてきた、という、
不幸ではあるが、単純明快な経緯を辿った北方地域元居住者には、新
民法が通常のリズムで適用されるというべきである。ほかに解決は考
えられず、これが唯一、正当な法理論であると考えられる。が、その
ことが、必ずしも明言されてきたものではなかった経緯に鑑み、ここ
で、そのことを念押しして述べておくことは、意味があると考えられ
る。

6　人の問題──身分関係の戸籍による証明

　そして、このことの念押しのうえに、**北方地域元居住者の戸籍は、
どのような扱いになっているか**を考えてみよう。北方地域元居住者の
なかには、終戦直後に北方地域でない場所、つまり日本の施政権が及
んでいる地に転籍した人たちがいる。この場合は、そのあと、戸籍法
による普通の扱いがされ、とくに問題は残らない。また、北方地域に
あった戸籍の関係が不分明なものとなったことから、北方地域でない
地で新しく戸籍を起こす就籍をした人たちもおり、この場合も問題は
残らない。

　考え込まなければならない場面は、北方地域の市町村に依然として
戸籍を有している人々のことである。もちろん、本邦の領土であるから、
そこに本籍を置くことを妨げる理由はない。が、現実に戸籍の事
務を管掌する市町村は、消滅した。そこで、特別措置法11条1項は、

第31話　登記簿を持ち返った男　**155**

当分の間、歯舞群島を除く北方地域に本籍を有する者についての戸籍事務については、法務大臣が北方領土隣接地域の市・町の長のうちから指名した者が管掌する特別措置が講ずるものとする。法務大臣は、この戸籍管掌者として根室市長を指名した。

　この措置から導かれる運用として、北方地域のある地から別の北方地域の地への転籍、根室市と北方地域との間の転籍、歯舞群島と別の北方地域の地との間の転籍は、いずれも管内転籍となる。つまり、根室市内での転籍と同じ扱いである。なお、歯舞群島から根室市の日本施政の地への転籍は、特例を待つまでもなく、本来の根室市内の転籍であり、当然に管内転籍となる。

〔参考〕国会における審議、昭和44年3月22日の参議院予算委員会、昭和60年5月29日の参議院決算委員会、昭和62年5月15日衆議院沖縄及び北方問題に関する特別委員会および平成9年6月19日の参議院外務委員会。

＊　　　＊　　　＊

2　平成3年

　1991年、村木健一郎は、水後（みなしり）地方検察庁に異動になる。検察庁は、原則として、一つの都府県に一つが置かれる。これと異なる場所が北海道。札幌高等検察庁の麾下に札幌、函館、旭川、釧路、そして水後の5つ（建制順）の地方検察庁を擁する。今度の健一郎の仕事は、訟務ではなく、通常の刑事事件が中心になる。水後は漁港があり、主要な産業が水産業である。悦子がいる札幌との往き来の機会を見出すことに工夫が要るけれど、街そのものは、とくに犯罪が多いということもない。

　「とくに犯罪が多いということはないけど、すこし気になるのは、ときどき出港した船がソ連主張領海に入っていってトラブルを起こすことかな。海上保安部から法律面の相談を受けることもあるから、その方面の勉強をしておかなくちゃならなくてね。」

「国際問題になんかになったら、大変よね。」

「国際問題にもなるし、さらに密漁は犯罪でもある。」

「どういうこと？　四つの島の近海は、あちらの主張ではソ連領海だから、そちらの法律違反になるでしょうけど、日本が捜査をする問題ではないでしょ。」

「ずばり核心に来たね。そこが、そうではないから、大変なんだ。島々の近くまで船を近づけて密かに漁をすることは、まさに指摘のとおり、日本の領域だからこそ、国内犯の問題になる。おっと、飛行機が発つ時刻にまにあわなくなる、この続きはまた次の時に。」

3　直告事件

　手紙が水後地検に届いた時期は、平成３年が暮れる頃であった。匿名の怪しいガセネタというのとは異なる。きちんと差出人の氏名と住所が記されている。水後から出港する漁業従事者のなかに、ロシア（ソ連）主張領海に入ってサケやマスを獲り、収益を得ている者がいるという。これのみであれば、ただの北海道海面漁業調整規則違反という北海道の規制に対する違反にすぎない。この規制の保護法益が何であるか、はっきりしないところはある。いちおう、北海道の地先海面における「水産資源の保護培養及び維持並びに漁業秩序の確立のための漁業取締りその他漁業調整」の適正の確保ということが、法制の趣意であろう（最判平成８年３月26日刑集56巻４号460頁）。くわえて、ロシア主張領海に入らないよう規制することで日本国民の安全な保護という働きがあることも、事実としては、そうである。さらに、ロシアとの漁業協定で漁獲量の総量が規制されていることに対する潜脱を取り締まるということも、やはり結果的ではあるが、否定することができない。漁獲量は、もちろん適法な操業で得られたものの総計が報告されるが、そのほかに漏れている密漁の分があるということになれば、協定の運用は険悪を帯びることになりかねない。とはいえ、そうした密漁がされていること自体は、ありうることであり、犯罪構成要

第31話　登記簿を持ち返った男　157

件に該当する条例違反行為であるとはいえ、ふつう海上保安部などが扱う事案であろう。

　が、手紙は、さらにいくつかの事実を連ねる。反社会的勢力という言葉は、当時、まだなかった。暴力団とかヤクザという言葉が素朴に用いられていた時代であるが、密漁で得た収益が、そこに流れている。しかも、それらの組織の関係者から当局に金品が渡され、おおがかりな密漁が見逃されている、という。

　「当局」としか記されていない文面を見つめ、健一郎は、考え込む。単なる条例違反ではないから、検察に手紙を寄こしたものであろう。当局とは何か。まさか海上保安部そのものが汚れているとは考えにくいが、それとなく事情を知っている可能性はある。迂闊に話すことはできないし、もちろん海上保安部が捜査の中心を担うことには無理がある。この種の事案こそ、検察が直接に捜査しなければならない。が、事案の背景は深く、広がりがあるとみえる。地検の上のほうのみならず、高検の理解も得ておかなければならない。

4　高検の支持ないし指示

　「なあ、村木君、むかし米国に禁酒法というものがあったことを知っているだろう。現代の日本だって、飲み過ぎで健康を損なう者がいる。私も他人のことをとやかく言えるものではないが、な。が、だからと言って、酒を法律で禁止したり、規制したりすることは、下策だ。法律で抑えれば、隠れて酒を買う者が出てくる。そうなると政府のコントロールが効きにくいし、腹を肥やすのは悪い連中ばかりだ。だから、法律なんて用いず、ひたすら健康に害がある、という説得の運動をするほうが、国民の福利と国の秩序にとっては、はるかに効率の良い成果が得られる。北海道の漁業規則も、本当は別な工夫があるのだろうが、北の島々の厳しい情勢が許さない。仕方がないのだろう。けれど、それで黒い金を手中にし、あまつさえ賄賂に充てるなど、絶対に許してはならない。この案件は、ぜひ君の力で進めてくれないか。」

「ありがとうございます、検事長。水後の街は、密漁のことについて、やや微妙な問題もある様子ですから、気をつけて進めます。」

「当然の注意だな。密漁が街の経済を支えている、ということは、暗黙、周知のことでもあるだろう。最終的には地元の警察、海上保安部と連携して、ということになるが、しばらくはそれらにも打ち明けない密行で進めてくれ。これは、われわれが中心で進めなければ成り立たない事件だ。捜査着手が明らかになるときは、実質上、あの建物の向こう側、あそこへの宣戦布告になる。そのタイミングでは、いちど報告を上げてくれ。」

5　街の経済

水揚げの全部とは言わないまでも、それなりの部分は、公式に報告されない漁獲量のものである、ということは、この街の常識である。非公式ということは、つまり、日ロ漁業協定の総量規制にカウントされていない、ということであり、さらに言うならば、現実に漁をしてくる場所が、日本の施政権が及ぶ海域ではない。日本の当局に告げるわけにはゆかないし、ロシアの国境警備からは、ときに銃撃を受ける危険を覚悟しなければならない。こうして水揚げされたものは、高値で売れる。それがあるかないかで、街の経済の明暗は、まるで異なる。そこに捜査が入ることは、自体として意味が重い。

もちろん、話が密漁ばかりではない、ということは、すぐに新聞が気づき、おおがかりな報道が始まった。捜査の矛先は、単に漁民の立件にとどまるはずがない。その後ろにいる、今日で言えば反社の者らに及ぶであろうが、それもそこでとどまるのであれば、道警の捜査四課、いまなら大きく言うと組対がやればよいことである。多くの関係者が事情聴取のため検察によばれる展開を見れば、地方のこととはいえ、その先に疑獄があることは、よほど鈍いプレスでない限り、容易に気づくことである。

連携で捜査に携わる海上保安部や警察は、むろん表向きは捜査の全

面的推進の姿勢であるが、本音のところ、戸惑いもある。学校で捜査官の子弟が、「おまえの親は、街で暮らす人たちを困らせる意地悪をしている」と難ぜられ、泣いて帰ってきたという話すらある。

けれど、おもてむき捜査はステップ・バイ・ステップで進み、健一郎らは、このまま本丸に向け一直線に、と気を引き締めた。そのなりゆきは、この先、なにか出てくるのかもしれない——と、平成4年夏のあいだ、街の人々にも映った。

6　東京発の異変

平成4年9月、札幌高検の検事長に異動があった。けれども、そればかりが要因ではなく、異変は、むしろ東京からもたらされたとみるべきであろう。ソ連崩壊後のロシアは、経済の再興が一つの課題となった。これと向き合う日本は、新しい段階を迎え、領土交渉を含む平和条約交渉をどのように進めるべきか、あらためて検討を迫られる。課題の再整理は外務省を中心に進められたが、当然、日ロ漁業協定の運用上の留意点も検討の視野に含まれてくる。漁業監視当局をはじめ政府の関係機関の間では、微妙な意見交換が進められる。

「村木君、捜査の現在の状況は？」

「はい、検事正、密漁の実行犯である漁業関係者は、全部ではありませんが、およそ半分以上について、出航や収穫量を示す記録や日誌、これに関する供述の状況などから立件が可能である見通しが得られつつあります。その後の肝心のステップに進む足がかりとしては、もう少し、というところに来ていると考えます。」

「ごくろう、証拠が整った者らについて公判請求をしてくれ。それで、この事件は終局だ。」

「どういうことでしょうか。これからがスタートであると考えています。」

「いや、ここで打ち止めにしよう。この事件のサイズは、このようなものであった、ということだ。」

160　第31話　登記簿を持ち返った男

「お言葉ですが、よく理解することができません。贈収賄や所得税法違反は、これからです。貧しい漁民の条例違反のみを問う捜査ではないと考えています。」

「村木君、君の努力は多とする。忍んでくれないか。最高検、高検と協議して決まった方針だ。事件は、ここで手仕舞いするほかないのだよ。」

「でも、検事正……」

7　弁護団会議

村木検事が検事正と激論になった日の1週間後、札幌の二条市場法律事務所のミーティング・ルームで催された弁護団会議も、荒れ模様である。

「弁護の方針を改めなければならないのではありませんか。起訴される人たちのうち、地元漁業関係者については、あわせて起訴されると見ていた官庁関係者やヤクザとの立場の違いを強調し、地元での長年の経過、事情から、やむをえずした密漁であるとして、情状を訴えていく方針でしたよね。しかし、起訴が漁業関係者にとどまるという報道が本当なら、この構図が崩れます。だいいち、そんな立件は、おかしいです。」

「本当に、そうだよ。立場が弱い漁民だけを法廷に引き出して、いったい何のための捜査だったというのだ。」

「検察と政府のどこかの方面とで裏取引があったのではないのか。本当に悪い奴らに眼を瞑るというのだったら、そんな検察は要らない。こんな国策捜査は、糾弾しなければならないだろ。」

「裏取引があったかどうかは難しいけれど、すくなくとも起訴、不起訴の処遇が大きく公平を欠いた捜査だということは、いえますね。それなのに情状酌量で寛大な御処置を、というのは、たしかにヘンかもしれません。」

「どうすればよい、と言うのだ。条例違反の構成要件に該当するこ

第31話　登記簿を持ち返った男　161

とは、たしかではないのかね。」

「構成要件がどうの、という以前に裁判の存立根拠そのものが正義に反し、成り立たないということを申上げています。」

今日に至るまで、判例が公訴権濫用を認める要件はきわめて狭く、公訴提起そのものが検察官の職務犯罪を構成するような極限の場合に限り認められる。まして、他の事件関係者の処分との不釣り合いのみを理由に公訴権濫用を理由に起訴を無効とする可能性は、判例上認められていない。もともと裁判所が認める可能性が乏しい法理をあえて主張しようということは、被告人らの免罪を勝ち取るというよりも、はなから裁判の場をして世論に訴える機会にしようとする運動論としての色彩が濃い。

「つまり、公訴権濫用を理由に公訴棄却による裁判打ち切りを主張しようということかね。それは、おそらく負け戦になるだろう。」

「勝つか負けるかは関係ありませんよ。漁民たちの思いをきちんと訴えることが、ここでの刑事弁護の役割ではないのですか？　なんども水後を訪ね、種々の事件を扱ってこられた畑中先生も、あの街の民情を御存知ですから、同意見ですよね。」

「ええ……理論的には、たしかにおっしゃるとおりだと感じます。」

「理論的って、どういうことですか。暮らしのため、また地元のしがらみがあり、やむにやまれず危険な操業に及んだ漁民たちですよ。彼らの元締め役の漁師が非合法な組織と関係があることも、その先に役所との後ろ暗いつながりがあることも、きっと彼らは知っていましたよ。知っていて、やらざるをえなかったのが、理論で何でもなく彼らの現実であったと言うべきでしょう。」

「それはそうですが、しがらみがあるからこそ、あまり大袈裟にしたくないと考える人もいます。法廷闘争ということになれば、今以上に大きく報じられることになるでしょう。」

白熱する論議を聴いていたリーダー格の高村弁護士が口を開き、「皆さんの考えは、だいたいわかりました。しかし、どこまで検察が

162　第31話　登記簿を持ち返った男

事件を進めるつもりか、あるいは諦めるつもりか、一部の報道がみられるにとどまる段階で、まだわかりません。今日は、ここまでにしましょう」と述べると、参会者が席を発ち始める。

8　健一郎と共に過ごす時間

「高村先生、ちょっとお話が……」、「部屋で聞こう。」

弁護団会議の終わりしな、引き留めた悦子の話に高村弁護士は、あらためて耳を傾けた。

「唐突な御願になりますが、本件から私を外していただけないでしょうか。」

「どうしてまた。なにか事情でも。」

「いえ、事情というほどのことはありませんが……」

「現地事情を実感で掴んでいるあなたが降板することは痛い。なにかよほどのことがあるのなら考えないでもないが……」

「……いえ、結構です。ヘンなことをお話しし、おさわがせをしました。」

「そうですか。また考えて。いつでも話を聴くから。」

「ありがとうございます。」

考えてみれば、高村に話して何とかなる話ではない。悦子が選ぶしかない事である。健一郎の険しい表情を見ていれば、察しはつく。おそらく検察上層部と厳しい方針の対立があるのだろう。ストップをかけようとする上層部への怒りは、健一郎と同じである。その点で二人の気持に懸隔はない。問題は、そこではなく、検察の内情を知ろうとすれば知ることができるとみられても仕方がない関係に自分があることである。闘争の場となりつつある法廷で対峙しようとする二人。「もし私が降板しなければ……」。もし悦子が弁護人を辞任しなければ、路は限られる。健一郎と共に過ごした時間が、想い出になろうとしていた。

第31話　登記簿を持ち返った男　163

9　その後の顛末

それから、いろいろあった。ことこまかく読者諸氏に打ち明けることは省き、年譜のようにして、ご紹介することとしよう。

➤平成4年秋、畑中悦子弁護士が二条市場法律事務所を退任。

➤同年11月4日、水後地検は、北海道海面漁業調整規則違反で漁師16人に対する略式命令を請求。同月、水後簡易裁判所が、請求どおり罰金刑に処する旨の略式命令。公判手続が行なわれることなく命令が確定したことを受け、同地検の次席検事が記者会見し、一連の事件の終局を確認。わざわざ終局を表明することは、地方で起きた事件としては異例。国際情勢を勘案した処分ではないか、という記者の質問を否定し、法令と証拠に照らし、また関係人の情状を勘案して処断した、とのみ説明。

➤平成5年3月末、村木健一郎検事が依願退官。同年6月1日、水後弁護士会に弁護士登録。

➤同年4月、健太が生まれる。

➤平成11年、畑中弁護士が、東京は紫波坂を下った場所に事務所を開設。彼女と事務員が一人のみの小さな事務所が、やがて人々に知られ、じつに様々な人々が訪ねてくるようになっていくことは、読者の皆さんが御存知のとおり。

➤平成28年、北海道新幹線が新函館北斗まで開通。セレモニーに招かれた畑中弁護士が、「所用のため差支え」とのみメイルで答え、出席を辞退。さまざまな尽力を鉄道用地取得のためにした同弁護士であるが、現地に赴いたことは、一度もない。

➤平成29年2月、村木健一郎弁護士が水後市郊外の欧取町において逝去。

➤平成30年7月、健太と志乃が結婚。ささやかな披露宴で悦子が参会者に謝辞を述べる。

164　第31話　登記簿を持ち返った男

➢平成31年、開通3周年の記念式典が催されることになった北海道新幹線。建設をした独立行政法人と、JR東日本、JR北海道の共催。「こんどはぜひ」というメモと共に、畑中弁護士に招待状が届く。それを追いかけるように、水後地方法務局の局長からのメイル、「北海道においでになると側聞しました。お忙しいでしょうが、すこし旅程を延ばしていただき、当地で職員のために講演をなさっていただくことがかないませんでしょうか」。その局長とは、法務省本省に在勤の折、登記の難件で意見交換をして以来のつきあいである。

〔注記〕 第31話 を創作するにあたっては、おもに本田良一『日ロ現場史／北方領土——終わらない戦後』(2013年)を参考とした。現実の事実経過とは異なる物語である。

第31話　登記簿を持ち返った男　　165

第32話

法務局の講演

「わあ、すてきな花束、おかあさま、ありがとうございます。」

「一年が経ったのね。ということは、初めての結婚記念日かしら。おめでとう。」

「今日は、シャンパンもワインも、たくさん用意しておいたからさ。」

「ありがとう。でも、あまりハメは外せないのよ。明日の朝の"はやぶさ"で発つから。」

「では、北海道に行くことにしたんだね。」

「すこし悩んだけれど、決めたわ。けっして海峡を越えない、と意地のようにして20数年が経ってしまったのよ。たしかに健太の言うとおり、もういいのかもしれないわ。式典に出て、法務局で講演をするところまでが、お仕事。そのあと、すこし旅をして。」

「旅って、どこへ?」

「すべて仕事はオフで、ボウッーとしてくるわ。クルーズとかしてね。」

みなさん、こんにちは。弁護士の畑中と申します。本日は、これから2時間をいただき、皆様方と、「記名共有地などの諸問題」を主題として、ご一緒に勉強させていただきたいと考えます。どうぞよろしく御願申上げます。

記名共有地などと申しましたが、具体的には次の5つに分けて、御話を差し上げることにいたします。

第1 記名共有地

理論的に見て平成10年先例は誤っていない、あとは改製、さらに更正の営みの積み重ねではないか。

> 1 まずは、ずばり記名共有地の問題を取り上げることにいたしましょう。これについては、皆さん、ご承知のとおり（第6話）、氏名を記録されている表題部所有者またはその一般承継人を被告として提起する訴訟において、証拠に基づいて原告の所有権を確認する確定判決を得た場合に限り、便宜、この判決をもって、不動産登記法74条1項2号に基づく所有権の保存の登記を申請することができるとすることが従来の取扱い（民事局第三課長通知平成10年3月20日民三552号・先例集追IX 107頁）であり、ここで私からは、これはひきつづき正当であると評価されなければならないと考えるがどうか、という問題提起を差し上げることにいたします。

申すまでもなく、所有権の登記名義人として実体的真正が確保された登記がされることは、不動産の登記における権利の公示を適切に実現するうえで、きわめて重要であります。とくに、権利部甲区の初発の段階に関わる所有権の保存の登記について、この要請は小さくありません。

第32話 法務局の講演 167

この問題について不動産登記法が用意する仕組みは、二つの要請、すなわち、実体的真正を確保するための実質審査の要請と、利害関係人のための手続保障の要請との協働により成り立っている、という原理的な構成を観察することができます。それは、さらに精密に述べますと、まず実質審査の要請が先行し、証拠に基づく実質審査により利害関係人が見定められるならば、爾後は、その利害関係人の関与を手続として保障することを通じ、実体的真正を図ろうとされています。このように証拠により実質的に審査をする、ということが基底に置かれますから、利害関係人の手続関与に依存して爾後の処理を進めることに支障が生ずる場合には、それに代え、またはそれを補完して、実質審査の契機を再び介在させなければならない局面もありうることでしょう。

　これを実定法の具体の規定に即してみますならば、実際上最も標準的に行なわれる所有権の保存の登記が、まさにこの手順に従って行なわれます。すなわち、表題部所有者は、証拠に基づいて認定されたところにより登記されるべきものであり（不動産登記令別表4の項添付情報欄ハ、実質審査の要請）、その認定された表題部所有者が申請すること（表題部所有者の関与の手続保障）により所有権の保存の登記がされます（不動産登記法74条1項1号）。また、いったんされた表題部所有者の記録に錯誤があると認められる場合において、その更正の登記を申請するに際しては、現に表題部所有者として記録されている者の承諾を要します（同法33条2項）が、これも、表題部所有者のための手続保障の要請に基づくものであると理解されます。

　そこで、同じ要請は、異なる手順で所有権の保存の登記が申請される場合においても、整合的に確保されなければなりません。数人の者らを所有者とする表題登記がされている場合において、その土地を時効取得した者は、すべての表題部所有者らまたは同人らの一般承継人に既判力が及ぶ確定判決により所有権が確認されるのでなければ、不動産登記法74条1項2号に基づく所有権の保存の登記を申請するこ

とができないと考えられます（民事局第三課長通知平成 10 年 3 月 20 日民三 552 号・先例集追Ⅸ 107 頁、第 1 および第 2 において、「平成 10 年先例」とよぶことにします）。この解釈も、表題部所有者の関与の手続保障に基づくものです。

　もっとも、いわゆる記名共有地の状態で表題登記がされている場合において、当該土地を時効取得した者が同人を登記名義人とする所有権の登記を実現するにあたり、氏名不詳の者らを含む表題部所有者の全員の手続関与を確保して手続を進めることには、現実的な支障があると認められます。このような場合においては、表題部所有者の関与の手続保障に代え、またはそれを補完する意味において、実質審査の契機を再び介在させることが望ましいことでしょう。時効取得をしたと主張する者が、氏名を記録されている表題部所有者またはその一般承継人を被告として提起する訴訟において、証拠に基づいて原告の所有権を確認する確定判決を得た場合（実質審査）には、便宜、この判決をもって、不動産登記法 74 条 1 項 2 号に基づく所有権の保存の登記を申請することができるとされてきたことは、そのような趣旨であると考えられます（平成 10 年先例）。

> **2**　このこととは別に、共有者氏名表が存在する場合は、それに基づき速やかに、登記簿の表題部について改製をし、適切に表題部所有者の氏名を記録する措置が講じられるべきであると考えますが、どうでしょうか。

(1)　土地台帳の移管と記名共有地

　顧みますと、不動産登記法の一部を改正する法律（昭和 35 年法律第 14 号）は、不動産登記制度を改革して、登記簿の表題部の制度を調え、それまで土地台帳に登録されていた事項を表題部に記載することとしました。この法律の施行後に新しく表示に関する登記がされる土地は、表題部が新設され、また、従前において土地台帳の登録がされていた土地は、表題部を改製することになります（同法附則 2 条 1 項）。

この場合において、従前に土地台帳に登録されていた事項でその時点において効力を有するものは、土地台帳に基づいて新しく表題部を作成する仕方で新設または改製がされます（昭和35年法務省令第10号2条・3条）。

　したがって、土地台帳の所有者の記載が「誰外何名」となっていて、共有者氏名表が当該土地の台帳用紙の次に編綴されていた場合は、登記簿の表題部を新設するにあたり、やはり表題部の所有者の欄に「誰外何名」と記載し、そのうえで、土地台帳から共有者氏名表を外し、それを登記簿の登記用紙の次に編綴します（民事局長通達昭和35年4月1日民甲685号「登記簿・台帳一元化実施要領」第5、2）。このような扱いがされた土地について所有権の保存の登記をする場合には、所有権の登記名義人を登記するために、共同人名票を作成することになります。当時の不動産登記法施行細則（明治年32年司法省令第11号）は、52条以下において、表題部所有者または登記名義人が多数に及ぶ場合について、表題部や相当区事項欄においてその一人を記載し、他は登記名義人を共同人名票とよばれる書面を作成してこれに記載しておくことを認めていたからです。

　また、表題部を改製する場合においては、やはり共有者氏名表を登記用紙の次に編綴する扱いがされるほか、すでに共同人名票が存在するときに、共有者氏名表の記載を共同人名票に移記する扱いがされたこともあったとみられます。

(2)　登記簿の電子化と記名共有地

　その後、不動産登記法及び商業登記法の一部を改正する法律（昭和63年法律第81号）に始まる登記簿の電子化は、不動産の登記については、不動産登記法（平成16年法律第123号）が、「電子的方式、磁気的方式その他人の知覚によっては認識することができない方式で作られる記録であって、電子計算機による情報処理の用に供される」電磁的記録を登記記録とし、その「登記記録が記録される帳簿であって、磁気ディスクをもって調製するもの」を登記簿とすることにより、一

般的な制度とされました（同法2条5号・9号）。

　もとより、運用の実態として、同法施行の時点ですべての登記が電子化されていたものではなく、登記所ごとに法務大臣が同法附則3条の指定をして、順次に電子化が進められました。この附則3条指定がされるまで、登記簿が登記用紙で作成されている場合においては、かつての不動産登記の仕組みが維持されましたから、たとえば共同人名票の制度も維持されました（不動産登記規則附則4条2項により「なお効力を有する」とされる旧不動産登記法施行細則52条以下）。

　これに対し、附則3条指定がされる場合においては、従前の登記簿を改製しなければなりません（不動産登記規則附則3条1項本文）。すなわち、共同人名票に記載されている登記名義人はすべて新しい登記簿の権利部の相当区に記録し、共同人名票に記載されている表題部の所有者はすべて新しい登記簿の表題部所有者として記録し、また、共有者氏名表に記載されている共有者はすべて新しい登記簿の表題部所有者として記録しなければならないと考えられます。なぜならば、不動産登記法は、表題部所有者および登記名義人として「氏名又は名称」を記録しなければならないとし（不動産登記法27条3号・59条4号）、それ以外に共同人名票や共有者氏名表の概念を認めていないからです。そして、「登記簿の改製は、登記用紙にされている登記を登記記録に移記してする」ことが原則である（不動産登記規則附則3条2項本文）とされつつ、「電子情報処理組織による取扱いに適合しない登記簿については、この限りでない」とされます（同規則附則3条1項ただし書）から、結局において上述の処理がされなければならないと解されます。

(3)　現在における改製の根拠

　登記官の職権行使の具体的な根拠は、このように、まず、昭和35年の不動産登記法改正に際しての表題部の新設または改製が適切にされておらず、そのため、ひいては附則3条指定に際しての改製が適切にされなかった場合は、昭和35年法務省令10号附則2条・3条およ

び不動産登記規則附則3条に求められます（前者を根拠とする改製が昭和35年法律第14号附則2条2項に基づき法務大臣が指定した期日の後であっても妨げられない旨、民事局第三課長依命回答昭和42年7月21日民三230号・先例集追Ⅳ1104頁）。また、附則3条指定がされた場合の電子化の際の遺漏による場合は、不動産登記規則附則3条が根拠であり、いずれも遺漏による表題部の改製を原因としてすることが相当であると考えます。

　また、他の権利者らの住所または持分が不詳である場合は、便宜、氏名および住所のみ、または氏名および持分のみを記録することとしてよいと考えられます。これにより一旦は不動産登記法27条3号に必ずしも適合しない登記を生じさせることとなりますが、住所が判明しない場合は不在者財産管理人を選任することにより、また、持分が判明しなくても表題部所有者の全員が登記されるならばその全員を当事者とする所有権確認訴訟が提起されることにより、最終的には実体的に真正な所有権の登記の実現に導く端緒を与えることになるからです（登記簿と土地台帳の一元化の作業の際の取扱いも、これと異ならなかったとみられます。民事局長通達昭和42年3月20日民甲666号「登記簿・台帳一元化実施要領」第5、1－（5）括弧書、第31、4。）。

> 　3　さらに一歩を進め、共有者氏名表が存在しない場合は、どのように考えるべきでしょうか。この場合においても、登記官が、調査をし、それに基づき、職権により、現在の所有者であると認められる者を表題部所有者として記録することは妨げられないものであると考えますが、どうでしょうか。

　不動産登記法は、表題部所有者として「氏名又は名称」を記録しなければならないとしており（不動産登記法27条3号）、いわゆる記名共有地の状態は、この法令上の要請に背馳するものです。したがって、登記官は、この状態を是正するため、表示に関する登記に係る職権を発動することが望まれます。そこで、登記官は、調査をし（同法29

条)、それに基づき、職権により、現在の所有者であると認められる者を表題部所有者として記録することができると解されます（同法28条）。

　表題部の更正により記録される表題部所有者は、このように現在の所有者であると考えられます。それは、不動産の現況を表示するという表題部の役割からして、当然のことでありましょう。それは、けっして記名共有地の状態で所有者とされていた者から現在の所有者に所有権が移転したことを根拠とするものではないし、登記の形式上も、同法32条が禁ずる表題部所有者の変更の登記をするものではないことに注意を要します。

　追って、この手続は、登記官が、不動産登記法28条に基づき職権でするものですから、不動産登記法33条2項・4項の承諾を要しないと考えます。

　登記官が職権を発動して表題部所有者を更正するにあたっては、現在の所有者を的確に見定めるための調査をしなければなりません。現在の占有状況のほか、記名共有地の状態で所有者とされている者またはそれらの者らの一般承継人を探索し、発見された場合において同人らの意見を聴取することは、望まれる手順であることでしょう。また、この局面において、土地の現在の所有者が、現に氏名を記録されている者またはその一般承継人との間において所有権を有することを確認する確定判決が存在する場合に、この確定判決は、たとえ被告の自白があったり自白が擬制されたりするなどの事情があって、証拠により所有権を認定していないとしても、有力な一つの資料になることは、まちがいありません。

　4　記名共有地の問題について私が考えていることは、だいたいこのようなことですけれども、もう一つ、記名共有地の問題そのものではないとしても、これと隣り合った問題を考えておきます。表題部所有者として多数の者らの氏名が記録されている土地

第32話　法務局の講演　　173

は、所在が知れている表題部所有者またはその一般承継人のみを被告とする訴訟の確定判決において証拠により所有権を有することが認定された者が所有権の保存の登記を申請することができると解してよいと考えますが、いかがでしょうか。

　たとえば、Y_1・Y_2・Y_3が表題部所有者として記録されている土地の占有を継続して時効により所有権を取得したと主張するXが、Y_2・Y_3の所在が知れないところから、Y_1のみを被告として所有権確認請求の訴訟を提起し、請求を認容する判決が確定した場合において、Xは、不動産登記法74条1項2号に基づき、Xを登記名義人とする所有権の保存の登記を申請することができると解すべきではないでしょうか。なお、この解釈を前提とする際には、そのXの申請にあたり、不動産登記令別表26添付情報欄ハ（2）の例に準じ、表題部所有者の所在が知れないことを証する情報を添付しなければならないと解されます。この解釈が採用されることが望まれる限度において、平成10年先例は、変更されることが相当であると考えられます。

　不動産登記法74条1項2号の趣旨は、既述のとおり、所有権の保存の登記の実質的な真正確保と関係人のための手続保障であるところ、確定判決が証拠により登記名義人に所有権があることを認めるものであり、また、所在が知れないY_2・Y_3のための手続保障は、その旨を証する情報の提供を同法70条と同様の厳格な水準で求めることにより達せられると評価すべきではないでしょうか。

　この解釈が採用されない際に、Xは、Y_2・Y_3の不在者財産管理人の選任申立てをすることになるでしょうけれども、その選任される不在者財産管理人は、所有権確認請求訴訟の被告として、主要な請求原因事実を不知と陳述するでしょうから、その前提で受訴裁判所が実体審理を進めるならば、結局は、証拠により所有権を認定する手順を経ることになります。これは要するに、不在者財産管理人の選任手続という無用の迂路を関係者に課する事態であると感じます。

174　第32話　法務局の講演

第2 共有惣代地

平成10年先例を共有惣代地に及ぼしてはいけないか。

> 1　記名共有地についてお話ししましたから、これと似たものとして、共有惣代地の問題も取り上げることといたしましょう。いわゆる共有惣代地について、惣代として氏名が登記されている表題部所有者またはその一般承継人に既判力が及ぶ確定判決の理由において所有権を有することが証拠により認定されている者は、不動産登記法74条1項2号に基づき、その者を登記名義人とする所有権の保存の登記を申請することができると考えますが、いかがでしょうか。

　これは、共有惣代地の初発の実体的所有関係が入会団体による所有であるとする認定判断を妨げる事情が見当たらない事例に関する限り、入会所有というものの実体的理解を基盤として考察をすることが要請される論点です。その際には、何よりも、入会所有が、二つの方向から観察することができる複層をなすことに留意を要します［☞ **第5話**］。

　まず、入会所有は、いわゆる総有であって、入会団体の構成員らが共同して所有する関係であると理解されます（最判昭和41年11月25日民集20巻9号1921頁）。総有の特殊性に注意を払う必要があるにせよ、性質に反しない限り民法の共有の規定が準用されるべきです（民法263条）から、まさに多数人が共有をしている実体であるにもかかわらず、その一部の者のみが登記上表われているものが共有惣代地であることになり、その問題の構図は、記名共有地と異なりません。記名共有地の登記上の取扱いを推し及ぼしてよいことになりますから、共有惣代として氏名が判明する者またはその一般承継人を被告とする判決において証拠により所有権が認定される場合において、その判決

第32話　法務局の講演　　175

を提出して原告のための所有権の保存の登記を申請することが許されるものではないでしょうか。

> **2** また、これとは別のルートとして、いわゆる共有惣代地について、惣代として氏名が登記されている表題部所有者に着目し、「共有惣代誰たる集落」という団体を訴訟当事者とする確定判決により所有権を有することを証する者は、不動産登記法74条1項2号に基づき、その者を登記名義人とする所有権の保存の登記を申請することができるということも考えてみました。

　入会権に関する異なる法的構成としては、入会所有が入会団体の所有である側面を強調して、その団体を被告とする訴訟で得られる判決により所有権の保存の登記を実現するという方策が考えられます（最判平成20年4月14日民集62巻5号909頁の事例が参考となる）。それとして成立可能な論理ですが、実際上難があることは、多くの事例において、いうところの入会団体なるものが実態を失い、代表者も欠く状態になっていることです。代表者の問題は、民事訴訟法35条・37条の解釈運用により、特別代理人を選任することにより打開するほかありません。

　訴訟当事者の表示としては、被告を「共有総代誰たる集落」と表示する扱いが考えられます（田中康久「記名共有地の解消策の課題──保存登記のための判決の問題点を中心として」登記研究661号〔2003年〕30頁参照）。

　選任される特別代理人が請求の認諾などの訴訟行為をするには後見人と同一の授権がなければならず（民事訴訟法35条3項、また同法32条2項参照）、一般的にも特別代理人の訴訟活動は謙抑的であることが望まれます。請求原因事実を知らないとし、または否認する旨の陳述をすることが、その典型です。記名共有地に関する判決について証拠に基づく実体判断を要請する登記先例（平成10年先例）の直接の適用範囲からは外れますが、そうであるとしても、証拠により認定され

るほうが所有権の保存の登記の申請の審査において盤石であることは疑いがなく、その点においても、特別代理人の否認ないし不知の陳述を踏まえ、現在の所有者を証拠により認定する訴訟運営が期待されるところです。

第3　政令に基づく市区町村への帰属
一般承継人か公署か、市町村をいずれとして扱ったらよいか。

お話を先に進めることとしましょう。

> 昭和22年政令第15号の2条2項による市区町村への帰属を登記原因とする所有権の移転の登記は、相続など一般承継による登記に準じて市区町村が単独で申請することができるという意見と、公署が登記権利者である登記として、登記義務者の承諾証明情報に代え、登記義務者の所在が知れないことを証する情報を提供することにより、便宜、市区町村が登記の嘱託をすることができるものとする意見とがありうるところです。いずれが相当であるか、これを考えてみましょう。

(1)　町内会等の法人化

町内会、部落会またはそれらの連合会で昭和18年法律第81号による町村制の改正により法人となったものが所有していた土地に係る登記手続については、つぎのような問題状況が観察されます。

この改正後の町村制の72条ノ3第2項によると、町村長の許可を得た町内会、部落会およびそれらの連合会（これからは「許可町内会等」とよびます）は、「自己ノ名ヲ以テ財産ヲ所有スルコト」ができるとされました。これは、許可町内会等を法人とする趣旨であると理解されます。なお、市制についても、同旨の改正がされました（昭和18

第32話　法務局の講演　177

年法律第80号による市制88条ノ2の改正)。

　これらの改正の当時、実体上、許可町内会等が有する土地は、登記されていないものが多かったと推測されます。登記されていなければ新しく登記をすることになり、町内会等を登記名義人とする所有権の保存の登記は、その代表者から申請する手続によったものでしょう(民事局長回答昭和18年8月4日民甲515号・先例集上729頁)。既に他人を登記名義人とする登記がされていた場合は、これに準じて共同申請で所有権の移転の登記がされたものと考えられます。

(2)　許可町内会等の解散

　昭和20年勅令第542号ポツダム宣言の受諾に伴い発する命令に関する件に基く町内会部落会又はその連合会等に関する解散、就職禁止その他の行為の制限に関する政令(昭和22年政令第15号、第3において「昭和22年政令」とよぶことにします)6条によると、許可町内会等は、1947(昭和22)年5月31日までに解散をしなければなりません。これにより許可町内会等が解散した場合は、その団体は、清算の手続に移ります。また、この解散がされない場合は、都道府県知事が解散を命じます。この解散の行政処分がもたらす形成的効果によっても、その団体は、清算の手続に移ります。清算の手続に入った許可町内会等の法的地位に関しては、昭和22年政令に規定がありませんから、当時の民法の通則に従うことになります。平成18年法律第50号により削除されるまで、同法73条は、清算の目的の範囲内において解散した法人が清算の結了に至るまで存続すると定めており、これに従うことになります。清算の結了という観念は、実体上、清算の事務としてすべきことがなくなることをいい、事実上清算の事務がされなくなったということが観察されるとしても、清算目的で制限される権利能力は、なお存続します。すなわち、現務を結了するのみならず、債務を弁済し、残余財産の引渡しが済むまで、清算法人が存続します(削除される前の同法78条1項参照。類似の局面を扱う民事局長回答昭和45年7月17日民甲3017号・先例集追Ⅴ67頁は、清算結了の登記がされ

178　　第32話　法務局の講演

て登記用紙が閉鎖された株式会社について、裁判所が清算人職務代行者選任登記を嘱託する場合について、清算結了登記を抹消して登記用紙を復活させるならば、嘱託を受理することができるとします）。したがって、許可町内会等を登記名義人とする登記が存在する場合においては、たとえ実際上の清算の事務の大部分が済んでいるとしても、この団体の実体的法律関係の理解としては、その登記が存在しなくなる手続を了するまで、その目的の限度において、法人が存在し続けるものと解されます（もっとも、鉱害賠償登録令19条1項は、現実の清算が結了した後について、必ずしも清算法人としての権利能力が存続するとみることができないと考える余地があることを前提とする規定です。なお、同所の「登記名義人だけで」は、「登記名義人のみで」とするべきところの法制上の過誤でしょうか）。

(3)　解散した許可町内会等の残余財産の処分

昭和22年政令6条に基づき解散する許可町内会等の残余財産は、昭和22年政令2条により処分されます。すなわち、規約もしくは契約の定めまたは構成員の多数をもって議決したところに従い処分されるものです。この処分の相手方は、私人や公私の各種団体でありうることでしょう。昭和22年政令の施行後2月以内にこの処分がされない場合において、その財産は、その2月の期間満了の日（1947〔昭和22〕年7月3日）に市区町村に帰属します。

したがって、許可町内会等を登記名義人とする登記がされている土地は、おそくとも1947年7月3日までには許可町内会等のものではなくなっています。それにもかかわらず、それを公示する登記手続がされていない場合のその手続をどのようにするかが、ここでの主題です。

(4)　残余財産として処分された許可町内会等の不動産に係る登記上の公示

その登記の手続は、現在の法制のもとにおいて、どのように考えられるでしょうか。

土地を現在において所有している者が私人または各種の法人であって、それを登記名義人とするため、官庁・公署でない者が権利に関する登記の申請をする場合は、不動産登記法の通則によるべきです。すなわち、現在の所有者を登記権利者とし、許可町内会等を登記義務者とする共同申請をすることになります。登記原因は、昭和22年政令2条1項に基づく処分の具体的な実体的性質に応じ、「売買」や「贈与」などとなり、また、同項に基づく処分でない原因により所有権を取得した場合は、「時効取得」など当該取得原因が登記原因です。

　もっとも、許可町内会等を登記義務者とする申請といっても、その団体は、今日において実際の活動をしておらず、ふつう、代表者も欠けています。また、不動産の登記が残っていることから、実体上、清算目的の限度で法人が存続しているとしても、それがゆえに清算人を置くことができ、また、清算人を置かなければならないか、は疑義が残ります。したがって、許可町内会等の代表者または清算人を申請代理人とする共同申請を期待することは、実際上無理があることでしょう。そこで、現在の所有者としては、許可町内会等を被告として、所有権の移転の登記手続を請求する訴訟を提起することになります。民事訴訟法35条・37条に基づき特別代理人選任命令を申し立て、これが認容されるならば、選任された特別代理人が許可町内会等を代表して訴訟を追行します。この訴訟において請求を認容する判決が確定するならば、これを提出し、登記権利者が単独で登記を申請すればよいですね。

(5)　市区町村へ帰属を公示する登記の手続

　これに対し、土地が昭和22年政令2条2項に基づき市区町村に帰属する場合は、許可町内会等から市区町村への所有権の移転の登記をすることになり、その登記原因は「昭和22年政令第15号第2条第2項による帰属」であり、その日付は「昭和22年7月3日」です〔☞ 第7話 〕（民事局長電報回答昭和38年11月20日民甲3118号・先例集追Ⅲ1130の364頁〔私、ここのところの先例集を読んでいて、この頁に枝番

180　　第32話　法務局の講演

号があることに思わず感動しました〕）。

　この所有権の移転の登記の手続は、登記権利者である市区町村の嘱託によることとなります。このことに争いはありません。その根拠規定については、二つの意見がなりたちます。

　第一の意見は、登記権利者となる市区町村を相続人など一般承継人に擬するものです。この考え方では、市区町村への所有権の移転の登記は、相続による登記の単独申請を許容する不動産登記法 63 条 2 項の類推解釈として、市区町村による嘱託が認められることになります。また、表題部のみが開設され、許可町内会が表題部所有者である場合は、市区町村が不動産登記法 74 条 1 項 1 号の「一般承継人」に当たるものとして、市区町村から所有権の保存の登記の嘱託をすることができると考えるものでしょうね。このような考え方は、昭和 22 年政令 6 条による許可町内会等の解散は、その実質が、その許可町内会等の区域の市区町村への吸収であって、その許可町内会等の財産の一般承継を導くものであるから、相続または法人の合併（とくに吸収合併）による一般承継と同質のものであるとする見地に根拠が見出されます。この意見による際は、相続または合併を証する情報（不動産登記令別表 22 の項添付情報欄）に準じ、その土地が 1947 年 7 月 2 日当時に当該許可町内会等が所有していたことを証する情報で公務員が職務上作成するものを添付することになります。実際の扱いとしては、市区町村の職員が当該土地の事情を調査し、その調査の経過および所見の概要を記した文書をこの情報として扱ってよいと考えることになるでしょうか。

　第二の意見は、不動産登記法 116 条 1 項の嘱託を根拠とするものです。この意見を前提として申請をする場合は、登記義務者の承諾を証する情報で同人が作成するものを添付しなければならないことが原則であるとされます（不動産登記令別表の 73 項添付情報欄ロ）。しかし、登記義務者である許可町内会等は、この土地の登記の問題を処する目的の限度において実体上清算法人として存続しているものの、実際に

第 32 話　法務局の講演　181

は活動をしておらず、ふつう代表者を欠きます。そこで、第二の意見による際は、登記義務者の所在が知れない場合において、その所在が知れないにもかかわらず、登記原因が存在することが登記原因証明情報において明らかであるときは、便宜、登記義務者の承諾証明情報に代えて、登記義務者の所在が知れないことを証する情報を提供することにより登記の嘱託をすることができるものと解することになります。ここに登記義務者の所在が知れない場合とは、団体の代表者が欠けており、または代表者の所在が知れないことをいうと解すべきです。それらの場合のうち、代表者が欠けていることは、その旨を証する市区町村長の証明をもって明らかにされるべきであり、実際上、市区町村の職員の調査に基づき、この証明がされることが期待されます。また、代表者である自然人の氏名は判明するものの、その所在が知れない場合は、不動産登記法70条の運用の例（民事局第三課長依命通知昭和63年7月1日民三3499号・先例集追Ⅶ640頁）により行方不明の確認がされるべきでありましょう。

第4　財産区が所有する土地
大字のままでいけないことはない

話題を変えます。

> 財産区が所有する土地が大字を所有権の登記名義人として登記されている場合において、市町村長は、登記名義人の名称についての変更の登記を嘱託して、財産区の所有である旨の登記を実現することができると考えますが、どうでしょうか。

財産区が所有する土地が大字を所有権の登記名義人として登記されている場合において、その大字が昭和22年の地方自治法の施行によ

182　第32話　法務局の講演

り財産区となったとみられるときには、登記をそのままとしておいても
もよいです（民事局長回答昭和32年2月25日民甲372号・先例集追Ⅱ
35頁）［☞ **第26話**］が、その財産区を代表する市町村長が、登記名
義人の名称についての変更の登記を嘱託して、財産区の所有である旨
の登記を実現することもできると考えられます（不動産登記法64条1
項参照）。登記原因は、「昭和22年5月3日地方自治法の施行による
名称変更」とすることが相当です。

　なお、表題部所有者が大字として記録されて表題登記がされている
にとどまる土地も、その大字が昭和22年の地方自治法の施行により
財産区となったとみられる場合には、その財産区が現在の表題部所有
者であると考えられますから、その財産区を代表する市町村長が、財
産区の所有であることを明らかにするため、表題部所有者の名称につ
いての変更の登記を嘱託することができると解されます（不動産登記
法31条）。

第5　住民が共有する土地
大字のままではいけないでのではないか

最後の話題にまいります。

> 　地域の住民らが共有する土地について、誤って大字を登記名義
> 人とする所有権の保存の登記がされている場合において、その大
> 字が所属する市町村の長は、この登記の抹消を嘱託することがで
> きると考えます。いかがでしょうか。

　地域の住民らが共有する土地について、誤って大字を登記名義人と
する所有権の保存の登記がされている場合において、その大字が所属
する市町村の長は、この登記の抹消を嘱託することができると考えま

す（民事局長回答昭和32年2月25日民甲372号・先例集追Ⅱ35頁、なお　第26話　も参照）。あたかも登記上の表示が財産区の所有であるかのような状態となっており、その大字が所属する市町村にとっては、真正な登記を実現する一つの過程として、この状態を除去する行政上の責任があると考えられますから、不動産登記法116条2項の考え方に準じて、その抹消を嘱託することが相当である、ということです。

　この嘱託により所有権の保存の登記が抹消された場合において、その土地の登記記録は閉鎖されるべきであり（民事局長回答昭和36年9月2日民甲2163号・先例集追Ⅲ601頁）、そのうえで、所有権を有する地域住民らから、所有権を有することを証する情報（不動産登記令別表4の項添付情報欄ハ）を提供して、表題登記を申請することが期待されます。

　なお、大字を表題部所有者とする表題登記のみがされている場合においては、その大字の所属する市町村の承諾を得て、その土地を所有する住民らが、表題部所有者の更正の登記を申請することができると解されます（不動産登記法33条1項・2項）。このことも、異論のないところではないでしょうか。

　さて、みなさん、いただいた時間がまたたく間に過ぎました。本日お話をしたもののほかにも、現場では種々の変則的な登記があって、いろいろな苦心をなさっておられることと想像します。また、機会がありましたならば、それらをお教えいただき、ご一緒に勉強させていただきたいと考えます。きょうは、どうもありがとうございました。

北海道で予定した仕事をすべて終えた悦子を乗せた船が、8月のその日、港を出ようとしている。わずか3時間ばかりのクルーズであるが、日本の施政権が及ぶ端、本当の端の場所に悦子を連れて行こうとしている。若い日の悦子を追い詰めた北の島々を望む場所に向け、出航のサイレンが鳴り、海岸に沿い、船は快適に進む。冬であれば、年によっては流氷が埋め尽くす海域である。

「南クリルの登記簿が、どうなっているか、ご存知ですか？」

　はちきれるかと思わせる精気を漂わせ、いたずらっぽい笑顔から発せられた声の響きが、やむことなく悦子の脳裏を往き来した。

○事項索引○

━━━━━ あ 行 ━━━━━

字 ·························· 125, 127
字持地 ·················· 125, 127
家 ···························· 136
遺産共有 ················· 83, 84
遺産分割 ····· 57, 60, 83〜, 88, 90, 91, 153
一棟の建物 ················ 108〜
委任 ························· 123
──の終了 ·········· 124, 147
入会権 ·················· 23〜, 176
入会団体 ········· 24, 25, 175, 176
氏 ···························· 58
択捉島 ····················· 150
大字 ········· 125, 127, 128, 182〜

━━━━━ か 行 ━━━━━

外気分断性 ·········· 117, 118, 119
解散 ······················ 3〜, 9
会社 ························· 3
外務省 ····················· 141
買戻し ····················· 68〜
──の登記 ············· 67〜
家督相続 ··············· 135〜, 154
家督相続人 ················ 136〜
仮処分 ····················· 12〜
処分禁止の── ······ 12〜, 19, 20
仮登記 ····················· 62
──に基づく本登記 ······· 64
条件付所有権移転の── ··· 62
官庁 ························· 180
管内転籍 ··················· 156
観念的障壁 ················· 118
擬制自白 ··················· 30
記名共有地 ·············· 28, 167
規約 ···················· 109, 110
旧樺太戸籍 ················· 141
──証明 ················· 141

━━━━━ さ 行 ━━━━━

財産区 ············· 126〜, 182, 183
裁判所書記官 ······· 13, 18, 19, 31
債務整理 ··················· 50
錯誤 ························· 59
サハリン ················ 140, 141

旧法相続 ··················· 135
休眠抵当権 ················· 7
供託 ························· 5
共同相続 ··················· 83
共有者氏名表 ··············· 169
共有惣代 ··················· 23〜
共有惣代地 ·············· 27, 175〜
共同人名票 ·············· 170, 171
緊急勅令 ··················· 33
国後島 ····················· 150
区分所有者 ·············· 108, 109
──の団体 ·············· 128
区分所有建物 ········· 87, 108, 110
区分建物 ··················· 108〜
区分地上権 ················· 113
熊本地震 ··················· 47
継子 ························· 137
権限外許可の審判 ··········· 132
検察官 ····················· 148
建造物 ····················· 43
権利証 ····················· 97
権利能力 ················· 4, 179
権利能力のない社団 ······ 122, 123
工作物 ····················· 118
公署 ···················· 177, 180
公証人の本人認証 ··········· 99
神戸の震災 ·············· 48, 107
公用請求 ··················· 104
国土審議会 ················· 81
戸主 ························· 135
戸籍 ········· 103〜, 133, 140〜, 153〜

座標値 ……………………… 48	前住所通知 ……………………… 100
産業組合 ……………………… 8〜	専有部分 ………………… 108, 110
資格者代理人 ………………… 99	相続 ………………… 134〜, 139〜
時効 ……………………… 3, 8	相続財産の管理人 ………… 131, 132
時効取得 …… 23, 24, 27, 30, 180	相続財産法人 …………… 131, 132
色丹島 ……………………… 150	相続させる旨の遺言 ……… 88, 90
自作農創設特別措置法 ……… 38〜	相続登記 ……………………… 60
市制 ……………………… 34, 177	相続人 ………………… 83, 140
私生子 ……………………… 137	相続人廃除 …………………… 94
事前通知 ……………………… 99	相続人不存在 …………… 131, 132
実施政令 ……………………… 19	相続分 ………………… 60, 83
自動車登録令 ………………… 19	相続分指定 …………………… 94
自白 ……………………… 29	総有 ………………… 123, 175
司法書士 …… 92, 93, 99, 131, 135	訴訟費用 ………………… 30, 31
集会 ……………………… 108	ソ連崩壊 ……………………… 160
住所 ……… 3, 5, 53〜, 153, 172	
終戦の詔勅 …………… 15, 33	———— た　行 ————
住民基本台帳 ………………… 53	大深度地下の使用権 ………… 114
住民票 ………………… 53〜, 153	対側地 ……………………… 133
準委任 ……………………… 123	建替えの決議 ………………… 108
訟務検事 ……………………… 148	建物 ………………… 43〜, 117, 118
昭和 22 年政令第 15 号 … 33〜, 177〜	——の区分の登記 ………… 109
嘱託 ……………………… 35, 181	——の表題部の変更の登記 … 44
職務上請求 …… 93, 102, 104, 105	——の不存在 ……………… 45
所在 ……………………… 3, 5, 7	——の滅失の登記 ………… 43
庶子 ……………………… 137	地縁団体（地縁による団体）… 25, 145
除籍 ……………………… 103, 105	地殻 ……………………… 47〜
処分禁止の登記 ………… 13〜, 20	地殻変動 ……………………… 47〜
所有権 ………………… 88, 89	地上権 ………………… 89, 90, 113
——の放棄 …………… 78, 79	地積 ……………………… 48
所有権の保存の登記 … 28, 29, 45, 167,	地積の変更の登記 …………… 48
168, 170, 174, 176, 178, 181〜	地表面 ……………………… 47〜
人格のない社団 ……………… 122	嫡出子 ……………………… 58〜
人貨滞留性 …………………… 117	嫡出でない子 ………………… 58〜
震災遺構 ……………… 119, 120	嫡母 ……………………… 137
数次の相続 …………………… 84	嫡母庶子関係 …………… 136, 137
清算 ………………… 4, 34, 178	町村制 …………………… 34, 177
清算結了の登記 ………………… 4	町内会 ………………… 34〜, 177〜
清算人 ………………… 4, 5, 9, 24	賃借権 ………………… 90, 113
清算法人 …… 4, 178, 179, 181	賃貸借 ……………………… 113
設立の登記 …………………… 122	抵当権 ………… 3〜, 8〜, 42, 112〜
戦後改革 ………………… 9, 33, 41	抵当権消滅請求 ……………… 114

転籍 ················· 156
登記原因証明情報 ····· 35, 80, 84~, 182
登記識別情報 ············· 98, 99
登記上の利害関係を有する第三者
················· 64
登記済証 ············· 98
登記簿 ············· 152
──の電子化 ············· 170
登記簿の附属書類 ············· 55
登記名義人の表示の変更の登記
················· 127
同時死亡の推定 ············· 95
灯台 ············· 116
特別代理人 ············· 25, 27, 176, 180
特別地方公共団体 ············· 125~
独立行政法人北方領土問題対策協会
················· 153
土地売渡登記嘱託書綴込帳 ····· 39
土地家屋調査士 ···· 50, 74, 76, 110, 116
土地基本法 ············· 79
土地台帳 ············· 28, 169~
土地定着性 ············· 117
土地買収登記嘱託書綴込帳 ········ 39

──────── な 行 ────────

南西諸島 ············· 155
日ロ漁業協定 ············· 160
女戸主 ············· 135, 136
入夫婚姻 ············· 136, 137
認可地縁団体 ············· 145, 146
認知 ············· 134
根室 ············· 150, 152, 156
農業委員会 ············· 62
農業会 ············· 9
農地改革 ············· 37~
農地法 ············· 63, 65

──────── は 行 ────────

配偶者からの暴力 ············· 54, 55
函館 ············· 104, 156
歯舞群島 ············· 150
判決手続 ············· 14

阪神・淡路大震災 ············· 107
東日本大震災 ············· 43
被相続人 ············· 83
筆界 ············· 48, 49, 75
筆界確定訴訟 ············· 73
筆界調査委員 ············· 74
筆界特定 ············· 74, 75
筆界特定登記官 ············· 74
必要的共同訴訟 ············· 24
表題部所有者 ····· 22, 27, 28, 80, 125, 127,
183, 167~
──の更正の登記 ············· 184
──の表示の変更の登記 ······ 127
表題部の登記の抹消 ············· 45
表題部の変更の登記 ············· 44
建物の── ············· 44
表題部欄外附記 ············· 39
付記登記 ············· 70, 89
福岡ドーム ············· 118
不在者財産管理人 ······· 14, 43, 64, 174
附則3条指定 ············· 172
附則6条指定 ············· 98
附属建物 ············· 44
普通地方公共団体 ············· 126
部落会 ············· 177
フランス人権宣言 ············· 16
閉鎖登記簿 ············· 4, 7
変更の登記
建物の表題部の── ············· 44
地積の── ············· 48
登記名義人の表示の── ········ 127
表題部所有者の表示の── ···· 127
表題部の── ············· 44
弁護士 ······· 74, 104, 105, 110, 131, 133
法人登記 ············· 5, 123
法定相続 ············· 57
法定相続分 ············· 58, 59, 83
法の下の平等 ············· 58
保全異議 ············· 20
保全抗告 ············· 20
保全事件 ············· 14
北海道 ············· 104, 139, 156, 185

北海道海面漁業調整規則 …… 157, 164
ポツダム政令 ……………… 33, 126
ポツダム宣言 ………………… 150
ポツダム勅令 ………………… 33
北方地域 ……………………… 150～
北方領土 ………………… 149, 150
本人確認情報 ………………… 99

──────── ま 行 ────────

マンション …………………… 107～
三桁国道 ………………… 12, 71
未成年後見人 ………………… 96
未成年者 ……………………… 93

南千島 ………………………… 150
民事保全法 …………………… 12～
明治民法 ………………… 134, 154
設計山 ………………………… 147

──────── や 行 ────────

遺言 ………………… 83, 89, 94
用途性 ………………………… 117
予告登記 ……………………… 17～
予告登録 ……………………… 19

──────── ら 行 ────────

琉球政府 ……………………… 155

《著者紹介》

山野目　章夫（やまのめ　あきお）
早稲田大学大学院法務研究科教授
1958年生まれ。2004年4月より現職。
主著に『民法概論1／民法総則』（有斐閣、2017年）、『新しい債権法を読み解く』（商事法務、2017年）、『不動産登記法』（増補、商事法務、2014年）、『不動産登記法概論／登記先例のプロムナード』（有斐閣、2013年）。
編著に、『要件事実論30講』（第4版、弘文堂、2018年、村田渉判事との共編）、『不動産登記重要先例集』（有斐閣、2013年）。
国土審議会委員、NHK受信料制度等検討委員会委員、民事法務協会理事、日本土地家屋調査士会連合会顧問。
エクス・マルセイユ第三大学客員教授（2003年3月、2006年3月）。

ストーリーに学ぶ
所有者不明土地の論点

2018年 6 月15日　初版第 1 刷発行
2018年12月15日　初版第 2 刷発行

著　　者　　山 野 目 　章　夫

発 行 者　　小　宮　慶　太

発 行 所　　株式会社　商 事 法 務

〒103-0025 東京都中央区日本橋茅場町 3-9-10
TEL 03-5614-5643・FAX 03-3664-8844〔営業部〕
TEL 03-5614-5649〔書籍出版部〕
http://www.shojihomu.co.jp/

落丁・乱丁本はお取り替えいたします。　　　印刷／広研印刷㈱
© 2018 Akio Yamanome　　　　　　　　　　Printed in Japan

Shojihomu Co., Ltd.
ISBN978-4-7857-2640-9
＊定価はカバーに表示してあります。

JCOPY ＜出版者著作権管理機構　委託出版物＞
本書の無断複製は著作権法上での例外を除き禁じられています。
複製される場合は、そのつど事前に、出版者著作権管理機構
（電話 03-5244-5088、FAX 03-5244-5089、e-mail: info@jcopy.or.jp）
の許諾を得てください。